Mercadeo En Vivo Para Redes Sociales

Descubre Cómo Las Transmisiones En Vivo En YouTube, Instagram Y Twitch Pueden Ayudar A Acelerar El Crecimiento De Tu Negocio En El 2020

Por Rory Ames-Hyatt

Tabla de Contenido

Capítulo 10: Cómo usar Twitch Live

Conclusión

Referencias

Introducción

¿Has mirado bien las redes sociales últimamente? No se puede ver ni un solo video de Facebook sin al menos un anuncio. A veces, hay incluso más. Hay pocos o ningún YouTuber sin patrocinadores, e Instagram se ha convertido en un libro de anuncios. El hecho es que ninguna de estas plataformas puede sobrevivir sin patrocinadores o anuncios. Las transmisiones en vivo (streaming), en cualquier plataforma, es una vista garantizada si se hace de la manera correcta. Las sugerencias aparecen, los anuncios se redirigen. La verdad es que, sin las redes sociales, muchas empresas se derrumbarían.

El streaming en las redes sociales ha llevado el mercadeo de las marcas al siguiente nivel. Plataformas como Facebook, Twitch, YouTube, e Instagram, se apresuran a incluir las transmisiones en vivo en sus sitios. Las marcas, por otro lado, están abandonando lentamente las formas tradicionales de pregrabar su contenido para su uso futuro.

Los mercaderes de las redes sociales no se han quedado atrás. El mercadeo de las redes sociales ha visto cambios significativos que llevarán a esta plataforma al siguiente nivel. Debido a su probada trayectoria, es probable que más personas adopten esta estrategia de mercadeo. La investigación realizada por Brainshark, una empresa de investigación que se ocupa de asuntos de redes sociales, indica que el 93 por ciento de todos los mercadotécnicos del mundo han utilizado las redes sociales para promover su marca. Otra estadística interesante indica que el 74 por ciento de todo el tráfico de Internet es en forma de contenido de video.

Los medios de comunicación social son una herramienta de mercadeo asequible, pero poderosa. Si estás buscando llevar tu negocio al siguiente nivel, las redes sociales son un factor que no debes pasar por alto. En el contexto de las transmisiones en vivo, las empresas pueden utilizar las redes sociales como una herramienta de atención al cliente o de mercadeo. Sin embargo, en este libro me centraré en cómo tu empresa o marca puede comercializar eficazmente sus servicios o productos utilizando videos en vivo.

Seamos realistas. La gente prefiere ver el contenido de los videos en vez de su contenido escrito. Esto se debe a su asequibilidad y accesibilidad. Una de las formas más fáciles de aumentar la conciencia de tu marca es atraer a tu público a través de las transmisiones en vivo. En algunos canales de medios de comunicación, los espectadores pueden participar en los videos en directo y ofrecer comentarios en tiempo real e instantáneos. Tómate un momento para abrir tu cuenta de Facebook y ver la composición de tu fuente de noticias. Descubrirás que, de cada diez publicaciones, seis o más son en forma de video.

Entonces, ¿qué ofrece las transmisiones en vivo a los vendedores? Elimina la imaginación que los clientes suelen tener sobre algunas marcas.

¿Y cómo ha cambiado la transmisión en directo la forma en que se transmiten las historias? Ofrece una discusión de humano a humano sobre un producto. Al hacer preguntas en tiempo real, los espectadores se conectarán más con tu marca.

Al final de la sesión de transmisión en vivo, ¿qué es lo que buscas lograr? Aquí hay algunas cosas que tendrás que considerar antes de elegir la plataforma de transmisión en directo más adecuada para tu marca:

- ¿Tienes los consejos de rodaje, estilos de alojamiento y varias ideas de video adecuados para esta plataforma?

- ¿Sabes a qué tipo de público objetivo estás tratando de llegar?

- ¿Sabes cuánto va a costar la transmisión de un video en directo?

- ¿Sabes qué plataformas ofrecen contenido de transmisión en vivo? Por ejemplo, en este libro nos centraremos en las siguientes cuatro plataformas de sitios web de transmisión en directo:

Acerca de Facebook

Facebook es una popular plataforma de transmisión en vivo. Aunque esta plataforma ofrece tanto contenido escrito como de video, su popularidad la convierte en una buena opción para los comercializadores de redes sociales enfocados en el video. El número de usuarios de Facebook en todo el mundo ha llegado a más de dos mil millones a finales de 2018.

Acerca de Instagram

Instagram es otra plataforma popular de redes sociales que se especializa en el envío de contenido de video y fotografía. Esta plataforma es más adecuada para negocios como la moda y la comida. No está restringida a estas dos industrias; puede trabajar para otras industrias. Todo lo que necesitas es creatividad. Es bastante simple usar esta plataforma. Tan pronto como creas tu cuenta, eres libre de empezar a subir videos. Tus seguidores empezarán a ver tus actualizaciones donde luego podrán darle me gusta o hacer comentarios.

Acerca de YouTube

YouTube Live es otra plataforma popular de transmisión en vivo. A pesar de que esta plataforma ha existido durante bastante tiempo, su popularidad ha crecido enormemente desde 2016. La investigación realizada por Market and Markets predice que YouTube tendrá un valor de alrededor de 70 mil millones de dólares a finales de 2021. YouTube amplió su alcance a usuarios selectos de teléfonos móviles, lo que explica el aumento de espectadores de YouTube desde 2016.

No hay mejor momento que ahora para que los vendedores promocionen sus productos en YouTube Live. En este libro, voy a explicarte las diversas formas y las mejores prácticas para utilizar YouTube. Para aprovechar al máximo los beneficios de esta plataforma, es esencial aprender los trucos y consejos sencillos para que YouTube Live funcione realmente para tu marca.

Acerca de Twitch

Twitch es otra plataforma de transmisión en vivo que ofrece a los vendedores una excelente oportunidad para promover sus productos. Esta plataforma tiene dos millones de usuarios. Aunque este número parece relativamente pequeño comparado con otras plataformas de transmisión en vivo, los espectadores pasan hasta mil millones de horas al mes en Twitch. Otra estadística importante de esta plataforma es que el 90 por ciento de todas las vistas en esta plataforma se atribuyen sólo a los 5.000 principales usuarios.

Twitch es una plataforma de streaming masivo en vivo que los vendedores deberían tomar en serio. Está ganando popularidad lentamente como un lugar efectivo para los nuevos influenciadores. Y a diferencia de otras plataformas de redes sociales, Twitch ofrece a los vendedores una sesión de hasta cinco horas de visualización. Otro beneficio significativo de usar Twitch en vivo es su naturaleza interactiva. Proporciona una interacción en tiempo real a través de un chat en vivo cuando las transmisiones en vivo se están ejecutando.

Capítulo 1: Explicación del mercadeo en las redes sociales (¿Y por qué debería importarte esta revolución del mercadeo digital?)

¿Qué es en realidad el mercadeo en redes sociales?

Para empezar, las redes sociales son un término general para todas las plataformas que ofrecen acciones sociales radicalmente diferentes. Por ejemplo, una plataforma de redes sociales como Twitter te permite compartir breves actualizaciones con el mundo. Facebook es una red social más grande que incorpora el compartir actualizaciones, videos y fotos, así como muchas otras cosas.

Ahora, el mercadeo en redes sociales, a menudo abreviado como SMM (Social Media Marketing), es un tipo de mercadeo en línea que implica la creación y el intercambio de contenido a través de plataformas y sitios web de redes sociales. El objetivo del mercadeo en redes sociales es crear contenido que será compartido por los usuarios con otras personas de su red. A diferencia de cualquier otra herramienta de mercadeo, el mercadeo en redes sociales ha transformado el mundo del mercadeo.

Si bien la comercialización digital y electrónica sigue siendo dominante entre los estudiosos y los actores del campo de la comercialización, la comercialización en las redes sociales se está volviendo aún más popular tanto entre los investigadores como entre los profesionales. Las redes sociales han sido promocionadas como la mayor herramienta de mercadeo jamás creada. Y si eso es difícil de creer, aquí hay algunos hechos que respaldan esa gran afirmación. Mientras que Internet reunió sus primeros mil millones de usuarios diez años después de su creación, Facebook cruzó dos mil millones de usuarios en una década de su existencia, ¡lo que significa que Facebook creció al doble de la tasa de la propia Internet! Así que no es un secreto que las redes sociales están empezando a apoderarse del mundo y revolucionar la cultura moderna. En los Estados Unidos, por ejemplo, el 62 por ciento de toda la población utiliza la plataforma de Facebook.

Las estadísticas en otros países son igualmente asombrosas, y el crecimiento está en aumento. Sin embargo, quizás lo que más ha ayudado a los mercadólogos de las redes sociales en estas diferentes plataformas es la presencia de herramientas incorporadas para analizar los datos que permiten a las marcas seguir el progreso, el compromiso y las tasas de éxito de sus esfuerzos de mercadeo. Hoy en día, las empresas utilizan las redes sociales para abordar áreas como sus clientes actuales y futuros, empleados actuales y futuros, blogueros, periodistas, etc. A nivel estratégico, la comercialización en las redes sociales implica la gestión de una campaña, la creación de un ámbito, la gobernanza y el establecimiento del "tono" y la "cultura" deseados de una empresa.

La comercialización en las redes sociales también proporciona a las empresas de nueva creación y a las que se encuentran en dificultades la posibilidad de comercializar a bajo precio, lo cual es una parte útil de cualquier campaña de comercialización. A diferencia de otras formas de la llamada comercialización "tradicional", como la radio, la televisión, la prensa y el correo, la mayor ventaja de la comercialización en las redes sociales se encuentra en una métrica publicitaria específica conocida como Costo por Mil Impresiones (CTI – por sus siglas en inglés).

CTI es esencialmente una forma de medir cuánto dinero cuesta que tus anuncios sean vistos por 1.000 personas. Compara esto con los métodos tradicionales de mercadeo. Aunque muchas personas reciben y leen versiones impresas de los anuncios, como por ejemplo en un periódico, estos lectores no necesariamente ven los anuncios del periódico antes de tirarlos. Los anuncios de las redes sociales, sin embargo, funcionan con los mensajes de otros sitios para aumentar las posibilidades de que tu anuncio sea visto - realmente visto - por tu público objetivo. Las redes sociales, por lo tanto, ofrecen uno de los métodos más eficaces de colocación de anuncios que existen.

Los teléfonos móviles se han convertido en un instrumento muy importante en el mercadeo de las redes sociales. Hoy en día, más de tres millones de personas están activas en diferentes plataformas de redes sociales cada día. Como se mencionó anteriormente, el 62 por ciento de los ciudadanos de EE.UU. tienen cuentas activas en Facebook. El 81% de la población de EE.UU. tiene alguna forma de plataforma social que utilizan regularmente. Los teléfonos móviles y la comercialización en las redes sociales están de alguna manera entrelazados, ya que la mayoría de los teléfonos móviles actuales tienen capacidades de redes sociales que permiten a las personas interactuar con el mundo.

Con el rápido crecimiento del uso de los teléfonos móviles, la ruta de compra del consumidor medio ha cambiado fundamentalmente, ya que los clientes pueden acceder ahora a los precios de un producto y a otra información relacionada de forma instantánea. Los medios de comunicación social también se han convertido en un poderoso recurso para adquirir información de mercadeo, así como las perspectivas de los usuarios. A través de las comunidades de contenido, los foros y los blogs, las personas pueden compartir sus opiniones y recomendaciones sobre productos, servicios y marcas.

Es difícil encontrar un negocio que no entienda el valor de las redes sociales en lo que respecta a la promoción de marcas y la interacción con los clientes. La comercialización en las redes sociales se ha convertido en el núcleo de innumerables estrategias digitales de las marcas y es útil para obtener resultados claramente definidos en el servicio al cliente, los clientes potenciales y las ventas. Y mientras tanto, las plataformas de redes sociales están evolucionando continuamente a medida que se lanzan nuevas características para impulsar el compromiso y la experiencia del cliente.

Una rápida lección de historia de mercadeo en redes sociales

Antes del reciente crecimiento de los visitantes mensuales de las plataformas de redes sociales, se presumía que la comercialización a través de las plataformas sociales era una moda pasajera. Sin embargo, cuando Facebook empezó a ganar terreno en 2004, los usuarios de Internet empezaron a prestar cada vez más atención -y a utilizar copiosamente- los sitios web de redes sociales, y las empresas empezaron a sentarse y a prestar atención. Hoy en día, las redes sociales permiten tanto a las pequeñas como a las grandes empresas llamar la atención sin tener que gastar una tonelada en mercadeo.

Antes de la llegada de las redes sociales, los pioneros de Internet en la década de 1980 utilizaban sitios de redes sociales (foros en línea y sitios de citas) como Livejournal, Six Degrees y Friendster. Estas fueron las primeras formas de plataformas de redes sociales. Entre 1995 y 2002, la burbuja de las puntocom desempeñó un papel fundamental para que Internet se convirtiera en una herramienta de mercadeo rentable. Primero, las marcas comenzaron a establecer su presencia en línea en lo que se ha llegado a denominar "mercadeo de búsqueda". A medida que empresas como Google, MSN y Yahoo! mejoraban sus motores de búsqueda, las marcas recurrieron a la optimización de los motores de búsqueda (SEO) para mejorar su posición en los mismos. Según Search Engine Land, un sitio web definitivo para los fundamentos de los motores de búsqueda, SEO es "el proceso de obtener tráfico de los resultados de búsqueda "gratuitos", "orgánicos", "editoriales" y "naturales" en los motores de búsqueda" (2019). Además, los blogs, o la web 2.0, se hicieron más populares durante este período, lo que impulsó a los comerciantes a aprovechar el potencial de la comercialización de contenido en línea.

Los años 2003 y 2004 fueron algunos de los mejores años para la comercialización en las redes sociales. Durante este período, llegaron Facebook, My Space y LinkedIn, que iniciaron un cambio de los usuarios en línea de los juegos a los sitios de redes sociales. Pronto, las marcas reconocieron los resultados positivos de la comercialización en las redes sociales y comenzaron a crear perfiles de marca en las plataformas más populares. Con el paso del tiempo, la actitud favorable de los clientes hacia la comercialización en línea comenzó a cambiar la preferencia de la comercialización empresarial de un enfoque agresivamente proactivo a la comercialización reactiva de entrada.

En 2006, Facebook abrió su plataforma al mundo entero y las marcas se apresuraron a crear sus perfiles, dando paso a la nueva era de la comercialización en las redes sociales. Tanto los consumidores como los comerciantes se sumaron al mercado para aumentar el valor general de la plataforma de redes sociales.

El crecimiento de las redes sociales está principalmente vinculado al crecimiento de la tecnología de las comunicaciones que se produjo hacia finales del siglo XX. En términos de tiempo, se puede decir que la historia de las redes sociales es corta. Sin embargo, esto no la hace menos influyente o emocionante. Las redes sociales han crecido constantemente hasta convertirse en una parte integral de la vida de las personas en todo el mundo.

Antes del crecimiento de las redes sociales, el mercadeo solía requerir de una mano de obra práctica y que consumía mucho tiempo. Hoy en día, los profesionales del mercadeo están altamente cualificados. A pesar de los cambios, el mercadeo de hoy en día requiere estrategias mucho más complejas de las que incluso los mercadólogos más establecidos pueden ejecutar por su cuenta.

¿Por qué el streaming está a punto de apoderarse del mundo de las redes sociales?

El video en vivo es real y fácil de conectar. A diferencia de los contenidos escritos y los videos grabados, los videos en vivo agregan un toque humano a la publicidad. El New York Times hizo una encuesta sobre el tipo de contenido que los espectadores prefieren, y el resultado fue sorprendentemente a favor del contenido de transmisión en vivo. El 80 por ciento de los espectadores prefieren el contenido en vivo a los blogs escritos.

Estas plataformas compiten por los clientes. Para los mercadólogos, la mejor opción es explorar todas las plataformas al promocionar la marca de la compañía. Otra tarea difícil para las empresas es mantener una presencia consistente en las redes sociales. Existe la percepción de que la transmisión de su contenido a través de todas las plataformas de redes sociales es una tarea difícil. Es simple. Pero primero, antes de entrar en más detalles sobre cómo puedes empezar a utilizar el contenido de streaming para hacer crecer tu negocio o tu marca, voy a explicar algunas de las mejores prácticas para hacer crecer la presencia de tu organización en las redes sociales.

Una guía rápida de mercadeo en redes sociales - Mejores prácticas y consejos

Actualmente, hay algunos cambios emocionantes que están ocurriendo en el mundo de las redes sociales. E incluso en 2019, muchas plataformas de redes sociales todavía se están adaptando para aprender más sobre su base de usuarios, ajustando constantemente sus programas, algoritmos y códigos para compensar la enorme demanda de sus servicios por parte de los consumidores.

Por lo tanto, es necesario crear una estrategia de mercadeo digital en línea para ayudar a hacer frente al mundo siempre cambiante y en desarrollo de la comercialización en las redes sociales.

Así que aquí hay algunos consejos e ideas para ayudarte a lanzar y/o hacer crecer tus perfiles de redes sociales:

Asegúrate de que tienes un plan

Tener un plan de ejecución claro sobre cómo abordar la locura de la competencia en las diferentes plataformas de redes sociales debería ser una de tus principales prioridades. Usar el mercadeo en las redes sociales es más un maratón que una carrera.

Por lo tanto, disminuye la velocidad antes de saltar a la pelea y asegúrate de que has identificado claramente tus objetivos. Por ejemplo, ¿tienes como objetivo aumentar el conocimiento de la marca de tu negocio? ¿O simplemente estás buscando una manera de aumentar los ingresos? Tener en cuenta el objetivo final es clave cuando se planifica la estrategia de redes sociales.

Además, cuando planifiques tu primera transmisión en vivo, debes tratar de atenerte a un guion y mantener un horario regular. Un momento tan importante no debería ser el momento de improvisar. Cuando tengas un plan, no tendrás lapsos de silencio momentáneos al grabar tus videos en vivo.

Anuncia tu marca

Antes de que te entusiasmes por vender y ganar dinero, lleva tu marca a la gente. Haz que la gente conozca tu negocio o marca a través de la publicidad. Haz que los clientes necesiten tus servicios o productos. Al comercializar tu negocio, debes darte cuenta de que los mensajes promocionales no son efectivos por sí mismos. Por lo tanto, necesitas salir al mercado con tus productos. Al vender tu marca, debes poner un poco de alma en el proceso para ayudar a humanizar tus esfuerzos.

Esto hará que tu negocio sea más fácil de relacionar con los clientes. Además, las redes sociales, como el nombre lo sugieren, tratan más con personalidades que con productos. La gente debería encontrarte más afín que el producto en sí mismo que estás tratando de vender. También, recuerda, como vendedor, eres la cara con la que la gente se relacionará en relación al producto que estás vendiendo.

Siempre aparecen diferentes tendencias en las redes sociales que tus clientes encontrarán relacionables. Esto significa que tendrás que estar atento a los hashtags y frases que están de moda. Esto hará que tu marca sea relevante para la generación más joven en las redes sociales que son el objetivo principal de la mayoría de los productos.

Construye tus seguidores y tu base de clientes

Uno de los hechos más importantes del mercadeo en redes sociales es que tu cliente ideal siempre puede ser encontrado en línea. Sin ese hecho en acción, toda la idea del mercadeo en redes sociales fracasaría. Por lo tanto, debes pensar en hacer crecer tu propia base de clientes leales en las redes sociales. Empieza a pensar en cómo planear el crecimiento de tu cuenta de seguidores y mantenerlos comprometidos. Los seguidores comprometidos serán los que ayudarán a compartir tu marca con otras personas en estas plataformas de redes sociales.

Promociona tus perfiles sociales fuera de línea

Añadir el enlace a tus cuentas de redes sociales para productos o folletos ayudará a difundir la información sobre tu negocio. También despertará el interés de los clientes potenciales que no te siguen en las redes sociales.

Entiende las Notificaciones Push

Las Notificaciones Push, para aquellos que no están familiarizados, son esencialmente mensajes emergentes que aparecen a los usuarios de móviles como notificaciones SMS. Ahora, cada vez que inicies una sesión de transmisión en vivo, tus seguidores recibirán un mensaje de notificación push que les avisará del evento. Ten en cuenta que es importante considerar si tu público tendrá tiempo libre en ese momento para verte.

Nota, atrapar a tu audiencia sin saberlo puede funcionar a tu favor o en tu contra. Algunos espectadores por curiosidad verán tu video, mientras que otros estarán demasiado ocupados. Aun así, como regla general, trata de evitar las horas de trabajo o las tardes en las que la gente podría estar durmiendo. El mejor momento para realizar un evento de transmisión en vivo depende de la zona horaria en la que se encuentra la mayoría de tus seguidores. En otras palabras, no transmitas en vivo en la hora de Londres si tu principal clientela se encuentra en Nueva York. Sé inteligente y piensa en el futuro.

Utiliza el poder de FOMO

El diccionario de Oxford define FOMO (Fear Of Missing Out – Por sus siglas en inglés) como el "miedo a perderse". Sin embargo, las redes sociales eliminan el miedo a perderse un evento emocionante permitiendo a los usuarios estar siempre conectados y al tanto de las "noticias de última hora" y los eventos. Es por eso que las transmisiones en vivo de las redes sociales es un desarrollo tan emocionante; se puede transmitir en vivo alrededor del mundo en segundos, captando la atención en tiempo real de la mayor cantidad de espectadores posible.

Haz un contenido atractivo

La gente quiere ver cosas emocionantes que no ven todos los días, así que intenta que tu contenido y tus videos sean lo más interesantes posible. Vale la pena señalar que salir en vivo en las redes sociales se trata de crear un diálogo en tiempo real con tu audiencia, así que trata de mantenerlos involucrados teniendo sesiones rápidas de preguntas y respuestas o simplemente hablándoles sobre temas de tendencias en tu industria.

Cada plataforma de transmisión en vivo de las redes sociales tiene su propia manera de dar a su público una forma de expresar sus sentimientos sobre una sesión. Facebook permite a los espectadores dar sus comentarios debajo del video. Instagram, por otro lado, permite a la audiencia hacer clic en un signo de corazón que representa lo que le gusta, e incluso YouTube tiene las opciones de gustar, comentar y no gustar. Sus espectadores tienen que ser atraídos por tu personalidad en la cámara y el contenido de calidad que entregas. Haz que los espectadores disfruten dando sus comentarios y haz lo que puedas para responder a la mayoría, si no a todas, sus preguntas.

Si tienes que incluir contenido que es aparentemente aburrido para muchos espectadores -como un exceso de información sobre el producto- considera la posibilidad de añadir elementos adicionales a tu trabajo, como regalos y otras recompensas para los consumidores fieles y nuevos.

Prueba todas las plataformas (no te quedes sólo con una)

Al final del día, cada plataforma de redes sociales tiene sus fortalezas y debilidades. En última instancia, depende de ti entender cuál es la que mejor se adapta a tu marca o negocio. La gente a menudo se apresura a las plataformas más populares sólo para darse cuenta más tarde de que una plataforma menos popular habría funcionado mucho mejor para ellos. Es fácil decir esto, lo entiendo, pero la investigación es clave. Investigar lo suficiente en cada plataforma - listando los pros y los contras y decidiendo qué plataforma será la mejor para ti - hará una diferencia significativa.

Por ejemplo, buscar una audiencia basada únicamente en el interés de los consumidores en el pasado puede ser un error. En su lugar, considera nuevas vías que entusiasmen a nuevas audiencias. Considera la posibilidad de unir fuerzas con otra empresa de gran renombre o con comercializadores afiliados que paguen por el beneficio de un público más amplio. Muchas personas en Instagram, YouTube y Facebook con un gran número de seguidores presentarán su trabajo o servicios en videos de transmisión en vivo por una tarifa.

Una guía rápida de streaming para completos principiantes - Mejores prácticas y consejos

En esta sección, examinaremos las diversas formas en que la comercialización de la transmisión en directo puede convertirse en un factor importante que contribuya al crecimiento de tu negocio, especialmente porque la transmisión en directo es una de las mejores formas de establecer relaciones sólidas con tu público. Así que primero, voy a darte un rápido resumen de las mejores prácticas para llevar a cabo tu propia sesión de streaming, sin importar la plataforma:

Practica antes de tiempo con videos de prueba

Cuando te pongas frente a la cámara por primera vez sin hacer ningún tipo de preparativos, estarás desorganizado. Por lo tanto, necesitas hacer los preparativos adecuados filmando un video de prueba.

Prepara tu lanzamiento

La mayoría de la gente podría pensar que las transmisiones en vivo es una gran manera de lanzarse a los clientes de inmediato. Sin embargo, deberías evitar hacer esto a toda costa. En su lugar, necesitas primero asegurarte de que tus espectadores están cómodos y luego atraerlos lentamente a tu programa calentándolos e involucrándolos a un nivel humano personal. Tu discurso -ya sea un producto, un servicio o simplemente pedirles que sigan tu marca- sólo debe ser mencionado casualmente de vez en cuando a lo largo de la emisión.

También debes estar preparado para responder cortésmente a cualquier pregunta de los clientes. Si no puedes responder de inmediato, prepara una respuesta en la que, en su lugar, pidas al cliente que haga más preguntas y llame al número de teléfono de tu empresa, te envíe un mensaje directo o un correo electrónico.

Usa el medio de comunicación social adecuado para el mensaje adecuado

Necesitas tener una idea clara de antemano de quién es tu público objetivo si quieres que tu transmisión en directo encuentre tu cliente/seguidor objetivo ideal. Esta información es de extrema importancia cuando se trata de decidir en qué plataformas ejecutar tus sesiones de streaming.

Por ejemplo, ¿tu cliente ideal es menor de 35 años y radicado en los EE.UU.? Bueno, entonces Instagram Live es uno de los mejores lugares para llegar a ellos.

Por otro lado, ¿tu cliente ideal es alguien mayor de 50 años y radicado en el Reino Unido? En ese caso, probablemente tengas una mejor oportunidad de llegar a ellos a través de Facebook Live.

Entonces debes tener en cuenta qué formato prefiere tu público ideal. ¿Son estudiantes visuales, o prefieren un aprendizaje más tradicional basado en textos? Instagram tiene una base de usuarios que se compromete más con los conceptos visuales que con el texto. Por otro lado, Twitter tiene muchos más usuarios de texto que de video, imágenes y conceptos visuales. Sin embargo, Facebook equilibra todos los conceptos visuales y de texto en una plataforma muy transitada (lo que resulta práctico, ya que Facebook tiene más usuarios activos en un momento dado que la mayoría de las demás plataformas de redes sociales).

Múltiples eventos en vivo es la clave del éxito de las transmisiones en vivo

Intenta elegir el momento más óptimo para tu transmisión en vivo. Es una decisión difícil de tomar, especialmente si se busca comercializar una marca internacional. Las zonas horarias varían de un país a otro. Y aunque algunos de tus clientes están listos para conectarse a medianoche, la mayoría de los espectadores no se despertarán en medio de la noche para ver tu video.

La solución a este problema es hacer múltiples eventos en vivo para atender a la mayoría de tus espectadores. Sin embargo, algunas empresas se limitan a un solo evento en vivo debido al tiempo. En este escenario, el momento perfecto para salir en vivo es la zona horaria en la que se encuentra la mayoría de tu audiencia. Anuncia a qué hora estarás en vivo; esto ayudará a tu leal público a planear unirse a ti para tus sesiones en vivo, sin importar sus diferentes zonas horarias.

¡Mantén tus baterías completamente cargadas!

Antes de salir en vivo, asegúrate de que la batería de tu dispositivo esté completamente cargada. Parece algo obvio comprobar las cosas antes del espectáculo, pero ¡te sorprendería el número de presentadores de redes sociales en vivo que se olvidan de hacer esta comprobación antes de empezar!

Así que, si estás usando un ordenador de mesa, deberías tener un portátil completamente cargado en modo de espera para poder cambiar rápidamente de dispositivo en caso de un apagón. Además, ten en cuenta que una transmisión en vivo que dura entre 15 y 20 minutos probablemente consuma hasta un 20 por ciento de la duración de la batería de tu portátil.

Experimenta con diferentes formas de interactuar con tu público

Una buena manera de averiguar qué funciona (y qué no) cuando se trata de las transmisiones en vivo es investigar cómo otras personas han llevado a cabo sus propios proyectos exitosos de transmisión en vivo. De esta manera, siempre tendrás un suministro constante de ideas y conceptos de espectáculos para que los pruebes con tu propia audiencia.

Por lo tanto, prepárate para experimentar con tus ideas si crees que pueden ser un éxito con tu base de clientes. Esto significa que la noción de streaming en directo como estrategia de mercadeo tiene mucho margen de maniobra que puedes explotar. No debes ser tímido a la hora de ir tras lo que quieres.

Utiliza las transmisiones en vivo para conocer mejor a tu cliente. Incorpora más interacciones humanas con tu cliente, gana su confianza, y, sobre todo, construye una relación.

¡Planea, planea, planea!

Siempre ten un plan claro para que tus programas de transmisión en vivo funcionen, pero asegúrate de que te permita cierta flexibilidad también. En otras palabras, debes recordar que el plan de tu transmisión no debe ser una copia final estricta que muestras al mundo, pero siempre vale la pena estar preparado. Es un viejo dicho, pero vale la pena repetirlo: "nunca se está lo suficientemente preparado".

Intenta obtener comentarios de tu audiencia en vivo

Una de las cosas más importantes que hay que recordar una vez que decidas hacer una transmisión en vivo es que la crítica constructiva de tu público es la clave para ayudarte a crear mejores programas de transmisión en vivo en el futuro. Por lo tanto, no deberías molestarte por recibir críticas que no sean favorables a tus sesiones. Tómalas, aprende de ellas, y úsalas para hacer tus programas mejores en el futuro.

Coloca al frente y al centro la opinión de tu público

Una parte importante de cualquier estrategia de mercadeo empresarial es mostrar a tus clientes que te importa lo que piensan. Por lo tanto, convencer a tu audiencia en tus transmisiones en vivo de que se abran debe ser algo que se practique constantemente. Además, también debes mencionar que aprecias el hecho de que se hayan tomado el tiempo para ver tu programa en vivo. Deberías decirles que valoras sus comentarios y que estás trabajando en implementar sus consejos para mejorar tus futuras transmisiones en vivo.

Para hacer esto, sin embargo, es necesario hacer de la retroalimentación una comunicación de doble sentido. En otras palabras, no le digas simplemente a tu audiencia que te dé retroalimentación y luego no respondas a sus comentarios o preocupaciones. Un vínculo "personal" con los espectadores será un gran paso para conectar con ellos y construir la lealtad a la marca. Al final del día, nadie va a aparecer para ver tus transmisiones en vivo si permaneces distante.

Por lo tanto, a través de tu transmisión en vivo debes ser libre y accesible. Asegúrate de incluir algún contenido divertido en tu material, también. Esfuérzate por hacer que tu audiencia se sienta cómoda. Además, a la mayoría de la gente no le gusta la noción de material explícito. Por lo tanto, debes evitar esto dependiendo de la audiencia y del producto o servicio que vendas. También debes recordar incluir y respetar las diferentes creencias de las personas y sus principios. Ten en cuenta que ésta es una buena razón para investigar con antelación quién es tu público objetivo.

Si todo esto suena un poco desalentador, no tiene por qué serlo. No es difícil mostrar a tus espectadores que eres sólo un humano y no un pez gordo corporativo. A la gente normal no le gusta el rígido corporativo porque no se sienten cómodos con ellos - es todo demasiado formal y se siente poco auténtico. Así que intenta añadir algunos programas divertidos informales, por ejemplo, graba una noche de juegos con tus compañeros de trabajo como un programa en vivo. De esta manera puedes mostrar a tu público que tu compañía es muy trabajadora, pero que también sabes cómo divertirte.

Diferentes ideas de contenido de transmisión en vivo que puedes usar para tu negocio

Como he dicho antes en este libro, una parte importante de cualquier estrategia de mercadeo en redes sociales implica la planificación, y las transmisiones en vivo no es diferente en este sentido.

Así que, en esta sección, vamos a cubrir algunas ideas de contenido de transmisión en vivo que tú - como negocio o empresario en solitario - puedes considerar cuando planees el contenido de tu propio programa:

Entrevistas en la industria del streaming

La mayoría de las empresas hoy en día prefieren la idea de realizar entrevistas en vivo. Puedes, por ejemplo, realizar entrevistas en directo con tus empleados, que a su vez pueden dar a tu público una mejor visión de los detalles internos de tu empresa o negocio.

Estos tipos de entrevistas en vivo muestran a tus clientes el tipo de cultura que tiene tu negocio. Sin embargo, asegúrate de que los empleados que entrevistes en vivo sean decentes, estables y accesibles. La imagen de tu marca es muy importante, y por lo tanto debes protegerla.

Servicios de atención al cliente

Uno de los mayores enigmas logísticos de cualquier empresa es el servicio de atención al cliente. Necesitas tener gente de guardia que pueda manejar las necesidades de tus clientes a toda hora del día. Sin embargo, la forma manual de llevar a cabo este servicio (por ejemplo, tener un miembro del personal dedicado a responder llamadas telefónicas o correos electrónicos) tiende a tomar mucho tiempo que podría ser utilizado en otras partes de tu negocio. La atención al cliente a través de la transmisión en directo ahorra mucho tiempo que podría utilizarse para las necesidades de otros clientes.

Podrías realizar un programa semanal de transmisión en vivo donde puedes ayudar a múltiples clientes - la mayoría de los cuales pueden estar lidiando con el mismo problema - todos al mismo tiempo. También podrías emplear el método de organizar un seminario de capacitación sobre cómo usar tus productos. O bien, podrías entrenar a los clientes en dónde y cómo comportarse cuando visiten tu compañía para obtener ayuda o negocios. Esto ayuda a evitar la confusión dentro del negocio. También podrías ofrecer un curso de capacitación para los empleados que carecen de las habilidades para vender tus productos. No tienen que visitar la sede de tu empresa. Por lo tanto, el uso de las redes sociales en vivo de esta manera puede ser una herramienta de enseñanza increíblemente rentable que puedes utilizar en tu negocio.

Recoge las opiniones de los clientes

En un buen negocio, especialmente en la industria alimentaria, es bueno tener una crítica del servicio y la comida que se ofrece. Por consiguiente, debes utilizar las críticas para ayudarte a hacer crecer la marca de tu negocio. Así que, de vez en cuando, ¿por qué no organizar una mini fiesta de preestreno para tus clientes a través de una transmisión en directo? Tus clientes te dirán con gusto todo lo que les preocupa, y te darán ideas sobre cómo puedes ofrecerles un mejor servicio.

Sin embargo, no todas las recomendaciones de tus clientes serán aplicables a tu negocio. Por lo tanto, debes buscar las ideas o problemas que te señalen que son directamente críticos para el progreso de tu empresa y manejarlos inmediatamente.

Además, durante estas fiestas de presentación, tómate el tiempo de preguntar a tus clientes qué les hará felices. ¿Cómo les gustaría ser tratados en el proceso de dispensar cuidados y productos? Esta fiesta de preguntas y respuestas te ayudará a conocer la verdad de todos los ajustes que necesitas atender.

Sin embargo, ten cuidado con los clientes que disfrutan revolviendo la olla. Todos sabemos que estos existen. Son los que les gusta causar problemas, dando malas críticas sólo para obtener cosas gratis (sin intención de dar a tu producto o servicio una crítica honesta). Así que asegúrate de saber la diferencia entre la crítica constructiva y los agitadores de ollas, y maneja cada uno en consecuencia. Recibir críticas constructivas será genial para tu negocio, pero manejar las malas críticas con mal gusto dejará una impresión aún mayor, y no una buena. Cuando estés transmitiendo en vivo y haciendo preguntas y respuestas, prepárate para cualquier cosa y ten una inteligente e ingeniosa, pero no demasiado arrogante respuesta para todo. A nadie le gusta un imbécil, pero callar a los alborotadores con confianza y modales hará que tus clientes leales compren una suscripción de por vida a tu marca.

Ofrece un vistazo entre bastidores a las operaciones de tu negocio

Este es uno de los temas que hemos visto en el capítulo anterior. Es primordial que muestres a tus clientes cómo operas de vez en cuando. Esto, a su vez, construye la confianza con los clientes. Además, debes transmitir en vivo cómo se hacen los productos y cómo se ofrecen los servicios. Esto le dará al cliente un sentido de pertenencia. Deben sentirse como si fueran parte de las operaciones de la empresa. Aprovecha esta oportunidad para establecer las expectativas de tus clientes. Por ejemplo, podrías caminar por tu tienda y mostrar la disponibilidad y los bajos precios que tienes en tu tienda. Una vez más, puedes mostrar a los clientes que estás dispuesto a negociar los precios de los productos.

"Nada es demasiado para ti", es básicamente lo que estás diciendo, y eso es lo que un cliente quiere saber. Saber que un negocio hará un esfuerzo extra es lo que les hará pagar el dólar extra por lo que sea que estés ofreciendo.

Introduce nuevos productos y servicios

La introducción de nuevos productos y servicios es una de las mejores maneras de explotar esta estrategia de mercadeo en directo de hoy en día, y es una forma de sacar el producto a la luz de forma más rápida y barata que nunca. También puedes usar esta oportunidad para enseñar a los clientes sobre el producto y sus beneficios. Puedes aprovechar la oportunidad para mostrar cualquier mejora que hayas hecho a tu servicio. No olvides instarles a probar cualquier nuevo producto o scrvicio que hayas introducido en el mercado.

Por ejemplo, en un momento dado, GE (General Electric) se propuso introducir uno de sus coches eléctricos a través de las transmisiones en vivo en Facebook. Inmediatamente, el coche tomó por asalto la comunidad de redes sociales. Casi todo el mundo hablaba de ello, y mucha gente quería poner sus manos en uno de los coches. Muchas personas también dejaron comentarios, y tuvo más de 56 mil visitas durante las transmisiones en vivo. Más tarde se compartió en Internet, y millones de personas más lo vieron para ver de qué se trataba todo el alboroto.

Incluso la gente que no usa las redes sociales se enteró de las noticias porque se centraron en las plataformas y los espectadores adecuados. El lanzamiento de un nuevo producto o servicio a través de las transmisiones en vivo puede realmente empujar tu producto o servicio más lejos que nunca antes, pero sólo si se hace correctamente.

Tropiezos en vivo: Ejemplos de cuando el streaming sale mal

Las transmisiones en vivo no siempre será un proceso fácil. Es esencial entender que algunas cosas pueden salir mal en el proceso de grabación. Es importante entender algunos de estos errores. Aquí, ilustro cada uno de ellos, así como la forma en que se pueden mitigar estos errores de inmediato.

Errores técnicos

Si bien es importante poner la mayor parte del énfasis en el contenido de las transmisiones en vivo, hay que tener cuidado con algunos de los errores técnicos que podrían ocurrir durante el evento real. Estos errores técnicos podrían ocurrir ya sea por tu parte o por la del espectador. Para asegurarte de no experimentar una interrupción repentina de la conexión a Internet, elige la hora del evento con prudencia. La causa más común de la rotura de la red son las condiciones climáticas extremas.

Inconsistencias

¿No odias cuando un streamer es inconsistente con su contenido en algunos videos? Esto es el resultado de una mala planificación, y podría llevar a algunas situaciones muy embarazosas. La planificación es clave, y esto no puedo enfatizarlo lo suficiente. Asegúrate de saber lo que quieres decir y cuándo quieres decirlo. Asegúrate de los hechos y no te precipites.

Preguntas terribles

¿Recuerdas lo que dije acerca de manejar esos agitadores de olla en vivo? Aquí es exactamente donde entra eso. Si estás transmitiendo en vivo y haciendo algo donde los espectadores interactúan contigo, esta es una de las cosas más comunes que podría salir mal. Ten esas respuestas listas.

Miedo escénico

Esto es algo real incluso cuando estás en la cámara. La congelación durante una toma no es rara, pero la forma en que te recuperas es clave. El tartamudeo es el primer signo de que estás experimentando miedo escénico. Respira hondo y recoge tus pensamientos. Es aterrador pensar que estarás en vivo para miles de personas. Mantén la calma y no dejes que el miedo arruine toda la experiencia. Si estás incómodo, tu público también lo estará.

Falta de promoción

Sabemos lo que estás pensando. El punto de las transmisiones en vivo debe involucrar a las audiencias. ¿Pero qué pasa con los que están ocupados en el trabajo, están fuera socializando, o incluso simplemente están durmiendo?

Escoger la hora correcta del día es una de las partes más importantes del mercadeo. Promocionar un evento que tiene lugar a las 3 de la mañana para un público objetivo, evitará que obtengas esas vistas que necesitas. Por lo tanto, establece la hora con mucha anticipación para tu video en vivo. Dedica tiempo a analizar cuándo es mejor conocer a tu público. Las preguntas en directo pueden ser tan importantes para la transmisión de video como el contenido que presentes.

Si se hace correctamente, la transmisión en directo puede ser divertida a la hora de promocionar tu marca y atraer a tu público. Si se corrigen los errores anteriores, tu evento de transmisión en directo será un éxito. Estos errores se pueden corregir rápidamente y saber exactamente qué podría salir mal es una gran ayuda para evitarlos. Evitar es mejor que arreglar, pero si el error ocurre, arreglarlo rápidamente es lo mejor.

Estrategias en redes sociales: Cosas clave a considerar cuando creas tu propia estrategia de mercadeo en las redes sociales

Tener una plataforma de redes sociales nunca debe ser una opción para ningún comerciante; debe ser automático después de establecer tu negocio. Tener una estrategia clara también es esencial; es clave si quieres alcanzar tus objetivos de mercadeo. Por consiguiente, es necesario tener un plan para el canal o la plataforma que se desea utilizar. Después de eso, necesitas saber qué tipo de contenido publicar.

Otro aspecto importante que debes tener en cuenta es el tipo de público al que te diriges con tus productos. Necesitas toda esta información, antes de empezar a crear tu estrategia de mercadeo, para tener un plan de respuesta adecuado a las numerosas preguntas que te hará tu público. También, necesitarás un plan de la frecuencia con la que responderás a las preguntas de los clientes.

Fiabilidad

Si planeas ser gerente de redes sociales, necesitas tener cierta estabilidad en tu trabajo. Además, la consistencia es esencial porque te ayudará a mantener la atención del cliente. Por lo tanto, necesitas poner mensajes regulares en tu canal. Además, debes mantener el contenido de tus publicaciones en las redes sociales tan fresco y entretenido como sea posible. Tener un contenido fresco y divertido de manera regular asegurará que los televidentes regresen por más, y eso es lo que quieres. Quieres que tus leales televidentes se mantengan de esta forma y que traigan nuevos televidentes con ellos. No recomendarán una fuente no fiable a un amigo. Esto va para la gente de tu trabajo, también. Tienen que saber que eres confiable, y de esa manera, hablarán con sus amigos lo que te dará una exposición positiva, también.

Desarrollando y compartiendo tu contenido

La creación y el desarrollo de contenidos de redes sociales es uno de los principales pasos en la gestión de una cuenta de redes sociales. Tendrás que escribir y proponer nuevas ideas para atraer a la mayoría de los usuarios de las redes sociales.

Sin embargo, de vez en cuando puedes compartir el contenido de otra cuenta. Cuando compartas el contenido de otras personas, siempre tienes que dar crédito al propietario original. Además, puedes usar frases como "#robado" si no sabes quién es el propietario original. Para incluir al propietario del contenido, utiliza el botón para compartir.

Esto es genial para involucrarse con la comunidad y mostrar ese lado humano del que hemos hablado antes. Quieres que la gente sepa que estás "entre" ellos y el acto de compartir sus mensajes es perfecto para eso.

La gente está deseando echar un vistazo a quien comparte o le gustan sus mensajes, lo cual, sorpresa-sorpresa, te da exposición. Si siguen el enlace a tu cuenta, lo más probable es que quieran echar un vistazo a tu perfil y a lo que tienes que decir.

Mantente en contacto constante con los seguidores

Mantener el contacto con tus seguidores significa que debes responder a las numerosas preguntas que puedan tener. Además, debes tener el hábito de revisar rutinariamente la sección de comentarios de tu cuenta para ver qué han estado haciendo tus seguidores. No tienes que responder a todo, pero cuanto más lo hagas, mejor. Deberías mirar los asuntos que son más urgentes y responder a ellos primero. También deberías tratar de responder a las preguntas dentro de las 24 horas (¡o incluso menos!) y siempre tratar de dar tus mejores y más auténticas respuestas a las preguntas y comentarios difíciles.

Llega a otras personas en tu industria

A estas alturas, deberías darte cuenta de que la gestión de las redes sociales va más allá de responder a los seguidores de tu página. También debes encontrar tiempo para comprometerte e interactuar con otras personas en sus páginas. Además, deberás buscar formas de relacionarte con otras personas en tu nicho o industria. Básicamente, debes tratar de construir una relación de negocios con otros que estén haciendo el mismo trabajo de construcción de marcas en las redes sociales que tú. Al hacerlo, tendrás la oportunidad de compartir ideas y estrategias de mercadeo con ellos que pueden beneficiar a ambos.

También debes considerar la posibilidad de llegar a ofrecer ayuda, estrategias, ideas o consejos a las personas influyentes de las redes sociales en tu nicho. Ellos, a su vez, pueden ayudar a aumentar tu popularidad en los círculos de las redes sociales animando a tus seguidores a seguir tu cuenta. Esto ayudará a que el nombre de tu negocio se extienda aún más y ayude a aumentar tu base de clientes.

Básicamente, tu objetivo en la creación de redes en línea a través de las redes sociales es tratar de hacer amigos en lugares estratégicos. Tienes que ponerte sistemáticamente en contacto (y en los mensajes directos) con amigos potenciales que puedan ayudarte a llevar tu marca a un nivel completamente nuevo. Para ello, primero hay que encontrar un terreno común y ayudarles en lo que se pueda, porque cuando llegue el momento, tendrás la corriente a tu favor. Nota, no los uses, pero deja claro que es un trato del tipo "tú me rascas la espalda, yo te rasco la tuya".

Campañas de alojamiento

El alojamiento de campañas de redes sociales es una de las formas esenciales de ayudar a comercializar tu marca. Además, te ayudará a responder las diversas preguntas que tus clientes han estado haciendo. A través de estas campañas, te dirigirás a un tipo específico de seguidores para que puedas tratar sus problemas o asuntos simples. Las campañas te ayudarán a llegar a nuevas personas que aún no te siguen en línea.

Organizar concursos

Los concursos de alojamiento son una gran manera de mantener a tu base de clientes interesados en tu sitio web, marca y/o productos. Por consiguiente, necesitarás un plan claro para organizar tu concurso y tus regalos. Tendrás que ser claro sobre las reglas y regulaciones de tus regalos (y atenerte a ellas pase lo que pase) para asegurarte de que las recompensas y los regalos se dan a las personas que los merecen.

Los concursos también son excelentes para atraer nuevos clientes. Una vez que se corra la voz sobre cualquier cosa que esté en juego, la gente competirá de todo el mundo si pretendes hacerlo internacional. A su vez, le dará a tu compañía la exposición que necesita tan desesperadamente.

Mantener registros de rendimiento

Siempre mantén registros de tus actividades y gastos en las redes sociales. Haciendo esto, te asegurarás de no perder el tiempo en tácticas que no están dando buenos resultados para tu negocio. Te ayudará a darte cuenta si tus esfuerzos están funcionando o no. Puedes actuar con anticipación para alterar las estrategias en caso de que lo que estás haciendo no esté funcionando para ti. No debes tener miedo de probar cosas nuevas.

Si las nuevas ideas fallan y los registros muestran que las viejas estaban mejorando, no tengas miedo de volver. Lo nuevo siempre es bueno, pero no tires algo sólido por algo nuevo. Vigila los registros de rendimiento y decide cuál de ellos hace más felices a tus clientes. Si ninguno de los dos funciona, tal vez tomar una ruta completamente nueva sea la respuesta. Sé inteligente.

Explicación de la gestión de las redes sociales

La gestión de las redes sociales es básicamente la organización y gestión de todas las actividades, contenidos e interacciones de tu empresa o marca en Internet a través de plataformas de redes sociales.

Algunas de las plataformas de redes sociales más populares incluyen YouTube, Instagram, Pinterest, Twitter y Facebook. Sin embargo, debes tener en cuenta que la gestión de las redes sociales implica más que simplemente publicar una actualización rápida de tu perfil o del perfil de tu empresa. También debes tratar de interactuar con tus seguidores y amigos. De esta manera, puedes asegurarte de tener una buena relación de trabajo con tu base de clientes. Por lo tanto, si necesitas ayuda para comercializar tus productos y servicios, ellos te ayudarán en todo momento. En el proceso, debes buscar nuevas formas de aumentar la visibilidad y el alcance de tu marca.

Por lo tanto, para sacar el máximo provecho de tus habilidades de gestión de redes sociales, tienes que considerar cuál es la mejor plataforma de redes sociales a utilizar. Por ejemplo, debes saber que, si tu público objetivo está compuesto por personas a las que les gusta el contenido visual, entonces debes usar Instagram. Además, debes recordar que Instagram tiene más usuarios femeninos jóvenes que masculinos. Por lo tanto, sería una buena plataforma para promover, por ejemplo, la industria de la moda.

Por otro lado, Facebook tiene un mayor número de personas en un momento dado. Además, los usuarios son de diferentes orígenes, y el equilibrio de género se aplica a su plataforma. Es la mejor plataforma para llegar a una mayor base de clientes.

YouTube, por otro lado, es otro gran buscador de redes sociales, segundo en tamaño después de Google. Puede ayudarte dando una plataforma donde subir tus videos como estrategia de mercadeo. Es más, puedes alojar anuncios de video para ayudar a vender mejor tus productos.

Capítulo 2: ¿Por qué el mercadeo en las redes sociales es tan poderoso para captar nuestra atención?

Hoy en día, la tecnología se ha convertido en una parte esencial de la vida cotidiana. La mayoría de las personas, sin importar su edad, sexo, religión o raza, dependen en gran medida de ella. También, deberías notar que la tecnología ha engullido el mundo de la comunicación y es uno de los campos de más rápido desarrollo en la vida moderna. Esto significa que la tecnología está facilitando la vida de los humanos, lo cual es obvio por los aparatos electrónicos utilizados para apoyar la tecnología. De la misma manera, el uso de los medios de comunicación social continúa aumentando en crecimiento y desarrollo.

A medida que crece la demanda, las plataformas de redes sociales tienen que encontrar formas cada vez más eficientes de servir a sus usuarios, por lo que las plataformas de las redes sociales se adaptan y cambian constantemente para su público objetivo.

Por ejemplo, las redes sociales son una de las herramientas actuales que la mayoría de las personas y empresas utilizan para la comercialización. Así que esto nos lleva al uso de la tecnología en forma de redes sociales. ¿Cuándo y por qué podemos explorar el uso de las redes sociales, especialmente en el área de las transmisiones en vivo, para ayudarnos en la comercialización?

El concepto de streaming implica transmitir los puntos de vista o ideas de uno a través de plataformas de medios como las redes sociales a personas de todo el mundo. También se puede decir que es el proceso de transmisión de videos en vivo a través de Internet para que cualquiera que esté en línea lo vea o lo escuche en tiempo real.

Hasta ahora, en 2019, sólo algunas de las principales plataformas ofrecen transmisión en vivo, como YouTube, Facebook, Instagram y Twitch, entre otras. Pero las transmisiones en vivo es uno de los avances del siglo XXI que ayuda a las pequeñas empresas a competir con las grandes a escala mundial, permitiéndoles el acceso gratuito a una herramienta de comercialización que se asemeja más a la obtención de publicidad en televisión en las horas punta, pero sin los altos costos asociados a ese medio de comercialización más tradicional.

Por qué necesitas comenzar a transmitir en vivo: Entendiendo el poder de mercadeo detrás del Live Streaming

En esta sección, veremos 8 razones clave por las que deberías usar las transmisiones en vivo para tu negocio o marca:

1. El concepto de transparencia

La mayoría de la gente siempre quiere algo en lo que pueda confiar. Así que, la mayoría de las veces, cuando se compra un producto, se debe mirar la confiabilidad del mismo. Por consiguiente, debes ser completamente transparente cuando trates con tus clientes. Si no eres abierto con respecto a los servicios y productos que estás comercializando, ahuyentarás a tus clientes. Por ejemplo, puedes utilizar el proceso de transmisión en vivo para transmitir la forma en que se producen y comercializan tus productos. Sin embargo, necesitas obtener el consentimiento de los clientes antes de transmitir en vivo sus opiniones en las redes sociales. Al hacerlo, abres tu negocio a la crítica constructiva que, al final, te ayudará a mejorar tu negocio. A través de las transmisiones en vivo de tus servicios en las redes sociales, atraerás más clientes.

Si estás vendiendo un determinado producto, ¿por qué no lo expones en cámara y le muestras al espectador exactamente lo que recibirá al comprar este artículo? De esta manera, el empaque junto con su contenido puede ser discutido y manejado por ti frente a tus clientes actuales y potenciales. Esto se relaciona con la transparencia, ya que el artículo es exactamente como se anuncia sin filtros, sin fotógrafos profesionales y sin compañías de publicidad. La gente quiere la realidad.

2. Plataforma de mercadeo rentable

Uno de los mayores beneficios de las transmisiones en vivo como estrategia de mercadeo es que ahorra dinero. En algún momento del día, la mayoría de los negocios tuvieron que comprar tiempo de emisión en la televisión y la radio para comercializar sus plataformas. Sin embargo, desde la invención de las redes sociales y las transmisiones en vivo, la publicidad se ha vuelto más económica.

Tendrás que hacer una inversión única en el equipo para transmitir en las plataformas al mundo. También puedes buscar profesionales que te ayuden a realizar tus sesiones de streaming en directo. Los servicios de estos profesionales no son tan caros como en la publicidad en televisión y radio.

Dicho esto, no querrás que parezca un anuncio de venta de coches de los 70. Profesional no significa falso. Simplemente significa que el contenido y la calidad tienen que ser sólidos.

3. Manejo de la crítica de productos

El mundo de las redes sociales es una plataforma abierta para los críticos. Si recibes críticas negativas en las transmisiones en vivo en las redes sociales, tómalo como una oportunidad para mejorar tu negocio. La mayoría de los comentarios que recibes de las redes sociales son instantáneos, por lo tanto, como buena persona de negocios, tienes el tiempo y la oportunidad de hacer mejoras y acomodarte a las necesidades de tus clientes.

Ten cuidado de no cambiar tu imagen demasiado para acomodar a los críticos. Tus clientes originales han sido leales al producto que has estado entregando y a las estrategias de mercadeo que ya ha dominado. No pierdas tus clientes originales por una pequeña crítica que no hará nada para mejorar tu servicio o producto.

4. Aprovecha la atención de una audiencia cada vez mayor

En un momento dado, hay más de mil millones de usuarios de redes sociales que utilizan activamente una de las cuatro principales plataformas de redes sociales: Facebook, Instagram, YouTube y Twitter.

Y lo que esto significa para ti, como empresario, es que estas plataformas de mercadeo siempre tienen ojos y oídos esperando y dispuestos a participar con nueva información e ideas en todo momento del día.

Por lo tanto, el mundo ha migrado casi completamente al mundo del mercadeo digital de las redes sociales. La gente en el mundo de las transmisiones en vivo tiene la capacidad de compartir el contenido de tu transmisión en vivo con otros usuarios. Pueden invitar a otras personas a ver tu transmisión en vivo, o simplemente pueden pulsar el botón de compartir. Esto llama la atención sobre el creciente y activo mercado de las redes sociales.

Dado que tu contenido puede verse en cualquier parte del mundo, esto amplía tu base de mercadeo del ámbito local al internacional con sólo pulsar un botón.

5. Proporciona una fuente de entretenimiento

El streaming en directo es uno de los conceptos que la mayoría de los usuarios de redes sociales encuentran bastante emocionante. Se sienten como si fueran parte del proceso que está teniendo lugar sin importar lo lejos que estén. Por lo tanto, cuando haces tu contenido y lo compartes con el público, debes tratar de encontrar una manera de inyectar un poco de humor. Los espectadores de tu contenido darán a conocer sus pensamientos directamente en la sección de comentarios. Podrías hacer encuestas o concursos para entretener y comprometer a la gente que está viendo tu transmisión en vivo. En definitiva, el proceso de transmisión en vivo debe ser un concepto de mercadeo emocionante y entretenido, suficiente para mantener a tus espectadores interesados.

Divertirse es a menudo la clave del éxito de las transmisiones en vivo. Si tú, como emisor de la transmisión, te estás divirtiendo, tu audiencia se adaptará automáticamente a tu estado de ánimo. Las risas y los chistes son el mejor tipo de entretenimiento, pero tampoco exageres. Di lo que quieras decir sobre tus productos o servicios, pero no seas rígido. Bromea de vez en cuando o haz un video sólo para divertirte.

6. Atención al cliente

Las transmisiones en vivo es una de las formas que ayuda a tratar el tema de la prestación de un servicio a tu base de clientes. Reduce el tiempo y el trabajo del proveedor de servicios. Esto se debe a que, como tal, reúnes a los clientes con problemas similares y los abordas al mismo tiempo. Además de eso, te ayuda a ahorrar los recursos y el tiempo de tus clientes también. Es una hazaña tediosa. No voy a mentir y decir que no lo es. Tendrás que tratar con muchos clientes groseros y algún que otro trol en línea. No dejes que saquen lo mejor de ti, ya que la forma en que los manejes tendrá un efecto en los otros clientes también. Hay mucho en juego en tus tácticas de atención al cliente.

7. Introduce nuevos productos o servicios

En el mundo actual, el concepto de transmisión en vivo de nuevos planes para tu negocio debería ser como un sexto instinto. Como se ha discutido anteriormente, puedes llegar a más gente a través de las redes sociales haciendo transmisiones en vivo. Por lo tanto, deberías aprovechar al máximo tus anuncios sobre tus nuevos productos o servicios a través del streaming. Además, hará que el cliente se sienta como si estuviera involucrado en el progreso de la empresa. Esto suele generar confianza entre el cliente y tú.

Puedes dar a todos tus clientes leales acceso exclusivo a las transmisiones en vivo antes de que el público en general pueda acceder a la misma. Ellos lo apreciarán. Además, puedes ir un paso más allá y ofrecer a tu audiencia de streaming en directo descuentos razonables en tus productos o servicios, especialmente cuando estás introduciendo un nuevo producto en el mercado. El uso de los servicios de streaming en directo te permite mostrar a tus clientes las diversas formas de manejar tus productos.

También puedes utilizar este tiempo para mostrar a tus clientes las diversas formas en que ofreces servicios en tu empresa. Esto impulsará tu base de clientes atrayendo y apelando a las necesidades de tus clientes en todo momento.

8. Muestra a los clientes cómo se hacen tus productos

Hoy en día, la gente tiene tantas nociones variadas sobre lo que quieren en sus vidas. Por ejemplo, algunos creen que no deben utilizar ciertos materiales o productos químicos, por lo que tienden a ser más cautelosos sobre qué comer, qué vestir o incluso qué utilizar. Por lo tanto, si estás promocionando un artículo producido con el uso de elementos naturales, podrías utilizar tu próxima sesión de streaming en directo para mostrar a tus clientes exactamente eso. Al hacerlo, ellos comenzarán a creer en los productos que están comprando, así como en el espíritu de tu marca o negocio. Todo esto te ayuda a construir una relación de confianza con tus clientes y/o audiencia de redes sociales.

También podrías mostrarles el proceso de compra de los artículos que piden y cómo se manejan desde las etapas de empaquetado, envío y cuándo lo reciben. En definitiva, debes tener en cuenta que no debes transmitir en directo elementos de tu empresa que puedan ponerte en una situación difícil. Por lo tanto, será esencial buscar asesoramiento legal sobre cómo proceder con la transmisión en directo, especialmente si se trabaja con una gran empresa que tiene que atenerse a unos estatutos muy estrictos relacionados con la industria.

El proceso de las transmisiones en vivo, simplificado

Como hemos visto anteriormente, las transmisiones en vivo puede ser una parte especialmente poderosa de cualquier estrategia de mercadeo en redes sociales. Pero eso todavía plantea la pregunta: ¿Cómo, exactamente, se hace para establecer una transmisión en vivo? ¿Qué equipo se necesita para hacer funcionar un streaming en vivo sin problemas? ¿Existe un proceso general a seguir o se puede empezar directamente? Estas son algunas de las preguntas que los novatos deben hacerse antes de saltar a transmitir en vivo como una táctica de mercadeo.

Además, siempre vale la pena recordar que, para lograr el éxito del mercadeo, necesitas un plan sólido basado en fundamentos claros. Además, debes ser flexible con tu plan y permitirte compensar cualquier tropiezo que pueda surgir.

Uno de los consejos más importantes al llevar a cabo tu plan es mantener todo natural. Debes recordar que el concepto de transmisión en vivo te humaniza. Los clientes se sentirán como si ya supieran con qué y con quién están tratando. La idea de transmitir en vivo sólo puede funcionar si tienes una gran base de redes sociales en la que apoyarte. Este nunca es el caso para la mayoría de las personas cuando están empezando.

Si no tienes una base de seguidores decente en las redes sociales, necesitarás la ayuda de personas influyentes en estos medios. Estas son personas en las redes sociales que tienen muchos amigos y seguidores. Pueden ayudarte a organizar vistas con sus fans, seguidores y amigos. De esta manera, ellos apoyarán tu producto o servicios con su base de redes sociales. También debes recordar hacer tu investigación para dirigirte a personas influyentes relacionadas con la industria que estén dispuestas a ayudar a tu nicho de negocios específico. Sin embargo, si tu negocio ya está en auge, podrías contratar a un profesional para que se encargue de todo esto por ti. Será su responsabilidad gestionar la creación de redes con personas influyentes, planificar la transmisión en directo y organizar todo lo demás para que puedas sacar el máximo provecho de cada sesión de transmisión en directo.

Recuerda que los consumidores pueden hacer mercadeo para ti. Esa es la belleza de las redes sociales. A diferencia de otras formas de mercadeo, los consumidores que te etiquetan o tu producto en sus publicaciones harán el mercadeo por ti. Invitarán a otros a ver la información de tu producto o servicio, haciendo de tus consumidores tu activo más práctico y útil. Por lo tanto, dar frecuentemente a tus clientes "menciones" para mostrar tu aprecio por su lealtad, ayudará mucho a crear una imagen positiva de tu empresa. Incluir estas menciones en los videos en vivo es una excelente manera de mostrar que estás conectado con tus clientes.

Debes recordar por qué estás transmitiendo en vivo. Por lo tanto, debes recordar mencionar tu producto y sus beneficios para el cliente. Sobre todo, debes asegurarte de que tu cliente conozca cómo funciona el servicio o el producto. Si ven las transmisiones en vivo y, al final, no comprenden la necesidad del producto o servicio, entonces has fracasado como comercializador. Como he mencionado antes, también deberías tratar de vender un sentimiento al cliente.

El concepto emocional de las transmisiones en vivo capturará la atención y los corazones de muchas personas. Sin embargo, debes tratar de investigar a tu audiencia para encontrar lo que los hace funcionar. Esto es para evitar hacer el lanzamiento equivocado a la multitud equivocada. Ofrece a tus clientes leales incentivos. Esto puede incluir un descuento o un regalo para los valiosos y frecuentes compradores del producto o servicio.

Así que, en definitiva, cuando estés haciendo el video en vivo, debe servir a las necesidades de tus clientes. En los negocios, un cliente satisfecho es un cliente de por vida.

Publicidad en vivo y en redes sociales: ¿Puedes poner publicidad pagada en tus transmisiones en vivo?

Sí, puedes usar anuncios en tu transmisión en vivo. Uno de los principales conceptos del mercadeo en streaming es el uso de anuncios. Al hacer los anuncios, debes asegurarte de que el video que estás haciendo es de buena calidad en todos los sentidos posibles. Debes recordar que tener un video malo en tu transmisión en directo puede ser perjudicial para tu marca, por lo que tienes que ser bueno en ello. Si no puedes hacerlo tú mismo, entonces consulta a un profesional para que te eche una mano. Además, debes hacer una preparación y práctica adecuadas para ayudarte a conseguir el tono adecuado de tu video. Algunos también dicen que es importante tener un valor estético en sus videos. Esto captará la atención del cliente. Ellos verán tu video y decidirán si el producto es bueno o no.

Si logras captar la atención de la gente en Internet y vendes tus productos, ellos lo compartirán con sus amigos que también lo compartirán con otros. Por lo tanto, tu producto o servicio tendrá una mayor base de mercado para ayudarte a hacer mayores y mejores ventas.

Estimando del precio de las transmisiones en vivo: Los tres factores principales que decidirán el costo de las transmisiones en vivo

Si consideras la posibilidad de comercializar tus productos o servicios a través de las transmisiones en vivo, debes tener en cuenta el costo de todo el proceso. Hay varios factores a tener en cuenta al calcular el precio del streaming. Para una persona que acaba de empezar, la evaluación de esos factores podría plantear un desafío. Entre esos factores figuran la duración, la complejidad y el equipo, así como los servicios de transmisión en directo.

Complejidad de la transmisión en directo

Cuanto más compleja sea las transmisiones en vivo, más cara será. Una transmisión en vivo compleja probablemente usaría numerosas fuentes de audio y video. También podría haber numerosas localizaciones del mismo evento y las señales de las diversas localizaciones deben ser entregadas a un lugar central, lo que podría requerir un equipo de producción o, a veces, un ingeniero.

Por otra parte, una simple transmisión en directo es bastante asequible. Imagínate una transmisión con una sola cámara; por ejemplo, la cámara de un teléfono inteligente junto con superposiciones y gráficos sencillos. Puedes emitir una transmisión de este tipo independientemente de lo ajustado de tu presupuesto.

Aun así, tómate el tiempo de considerar cuántas ventas harás con una transmisión compleja comparada con una transmisión de presupuesto ajustado. Si el número es significativamente mayor y la ganancia vale la pena, no pierdas tu tiempo en una producción de bajo presupuesto.

Duración de las transmisiones en vivo

Una transmisión que lleva mucho tiempo es más cara. Los costos como el ancho de banda, la locación, así como el personal, se suman con el tiempo. Una transmisión que funciona las 24 horas del día en forma de un canal de televisión necesita aparatos de producción, personal y una carga de toneladas métricas de ancho de banda. En tal situación, considera la posibilidad de transmitir los videos en plataformas que tengan una potente CDN de transmisión en directo.

Una transmisión en vivo más larga también corre el riesgo de convertirse en tediosa y aburrida, por lo que quizás cortar un video de 20 minutos por la mitad y subirlo con más frecuencia sea tu mejor opción. Personalmente, disfruto más de un video corto y potente que de uno largo y extenso. Me encuentro perdiendo el interés y distrayéndome con otras cosas diferentes a la transmisión.

Costo del equipo de transmisión en vivo

Como se ha anticipado, cuanto más equipo de transmisión se requiera, mayor será el costo de las transmisiones en vivo. El equipo de alta calidad también hará que tu empresa incurra en mayores costos. Hoy en día, un equipo de calidad para transmisión es asequible. No obstante, es fundamental que te asegures de tener en cuenta tus necesidades de equipo al elaborar el presupuesto.

Más bien, apunta un poco más alto y reconoce que no tendrás la calidad de sonido de una banda de adolescente en el garaje de sus padres. La calidad es siempre tu mejor apuesta.

También puedes incurrir en más gastos en función de la plataforma de streaming en directo que decidas utilizar. Afortunadamente, puedes elegir usar una plataforma de calidad profesional para transmisiones en vivo que sea potente, además de asequible. Existen similitudes y diferencias entre los diversos servicios de streaming de video en directo, ya sean plataformas de video profesionales o de calidad de consumidor. Por supuesto, podrías utilizar una plataforma gratuita, pero puede que valga la pena echar un vistazo más amplio para ver si te ayudan o dificultan tu negocio.

Por ejemplo, los servicios gratuitos de transmisión en directo pueden ser inadecuados para los usuarios profesionales por numerosas razones. En primer lugar, las plataformas gratuitas vienen con publicidad. Monetizan en gran medida el contenido de los videos para su beneficio y no el tuyo. Por ejemplo, tu contenido podría colocarse para que aparezca junto a los anuncios de tus competidores. Tu contenido también podría mezclarse con publicidad que ni siquiera está relacionada con tus emisiones.

En segundo lugar, las plataformas gratuitas también son conocidas por bloquear el contenido. Por ejemplo, YouTube se encuentra entre los sitios web que implican un fuerte bloqueo en todo el mundo. La mayoría de las escuelas, empresas, universidades y muchas otras entidades bloquean completamente el acceso a dichos sitios.

En tercer lugar, las plataformas gratuitas no ofrecen herramientas de calidad profesional para sus transmisiones y videos. La monetización, la marca personalizada y las configuraciones de seguridad están ausentes o son rudimentarias. Por lo tanto, debes confiar en las plataformas que tienen una transmisión de calidad profesional.

Equipo para transmitir en vivo: Lo que necesitarás

Cámaras

Una sola cámara puede tener un gran impacto en el costo de las transmisiones en vivo al reducir los gastos. Hoy en día, las cámaras de video de los teléfonos son baratas y fiables, pero prepárate para poner dinero para pagar por un celular decente con una cámara de calidad. Sin embargo, muchas empresas y algunos streamers profesionales optan por cámaras dedicadas exclusivamente a esto. Si planeas transmitir tu video una sola vez, y aun así necesitas un video de calidad profesional, tendrás que contratar a una empresa para la producción del video. Dicha empresa puede proporcionar el equipo de audio y la cámara necesarios, ahorrándote así la inversión en equipos costosos e innecesarios para un uso a largo plazo. El costo de las cámaras de transmisión en vivo va desde las gratuitas, a través de un teléfono inteligente, hasta más de 4.500 dólares por una cámara de calidad de transmisión de televisión. También puedes comprar una cámara que sea sólida y de gama media y que tenga una buena calidad de video por unos 2.500 dólares.

Equipo de audio

Una cámara de video con un micrófono incorporado puede ser suficiente para simples transmisiones en vivo. Para uso profesional, necesitarás un mejor equipo de audio. Este puede incluir micrófonos de solapa, micrófonos omnidireccionales o micrófonos direccionales. Además, necesitarás cableado. Si tienes varias fuentes de audio, la mezcla requerirá un equipo específico. El costo del equipo de audio va desde lo gratuito, hasta más de 4.500 dólares para una configuración compleja. También puedes comprar un equipo pequeño que tenga micrófonos de alta calidad por menos de $500.

Codificador

El costo del software destinado a la codificación de las transmisiones en vivo puede variar desde gratis, hasta aproximadamente 1.500 dólares. Además, un codificador de software requiere un ordenador para su correcto funcionamiento. Si estás transmitiendo un video complejo que requiere un flujo de varias cámaras, junto con animaciones, necesitarás una computadora potente con hardware de calidad. Algunos codificadores de software son gratuitos y pueden funcionar en computadoras a partir de unos 500 dólares. Por otro lado, los codificadores de software de alta calidad cuestan alrededor de 3.000 dólares.

Técnicos y personal

Aparte del equipo, tendrás que considerar el precio del personal y los técnicos que transmiten en vivo. Ten en cuenta que cada cámara requiere de alguien que la opere, a menos que quieras cámaras PTZ. También necesitarás un individuo para mezclar tu streaming. Contratarlos será costoso. Por lo tanto, es aconsejable utilizar una persona o un técnico informático fijo para que sea económico. El costo del personal varía, dependiendo de la experiencia y la ubicación.

Importancia de la comercialización mediante streaming para tu marca

Hoy en día, la mayoría de las empresas optan por las transmisiones en directo debido a los beneficios que ofrece no sólo a las empresas, sino también a los consumidores. En primer lugar, ayuda en el crecimiento de tu audiencia. Esto se debe a que hay miles de millones de personas en Internet. Las transmisiones en vivo otorgan acceso a los consumidores que no participan en los foros, anuncios, sesiones de preguntas y respuestas o cualquier otro evento que tu empresa haya organizado.

También tiene el efecto positivo de reducir los costos. Algunas empresas confían en el streaming para los programas de formación para capacitar a los empleados en el extranjero. Cada persona recibe la misma información de producto y entrenamiento al mismo tiempo, por lo que la empresa ahorra dinero. Además, al ser anfitrión de un evento en vivo, el costo del viaje, la seguridad y el alojamiento es alto. Escoger una transmisión en vivo con el propósito de transmitir un determinado evento, en lugar del evento en vivo, te ahorrará mucho dinero. El dinero y el tiempo que ahorres te permitirá gastar muchos recursos y tiempo en la promoción de tus productos y el crecimiento de tu marca.

Las transmisiones en vivo también fomentan la interacción con la audiencia. Tener un tiempo cara a cara con los consumidores permitirá que tu marca se vincule con tu público y te permitirá contar eficazmente la historia de tu marca. Si tu empresa participa en eventos de streaming en directo junto con sesiones de preguntas y respuestas, esto permitirá la participación de los espectadores en casa. El uso de la transmisión en directo para la comercialización de tu marca te ayudará a desarrollar una relación de confianza con tu público. Los videos en vivo tienen ciertas vulnerabilidades. Los que no se ensayan parecen más realistas, confiables y relacionables. Es una expresión de que tu empresa valora la transparencia y no tienes miedo de revelar tu verdadera identidad a los consumidores.

A través de las transmisiones en vivo, tu marca tendrá la oportunidad de promover internamente e interconectar tus plataformas. Por ejemplo, podrías animar a tu audiencia de streaming en directo a que tuitee cualquier pregunta que puedan tener y también a que le den "me gusta" a tu página de Facebook. Esto hará crecer efectivamente tu presencia en las redes sociales con aquellos que están interesados en tu marca.

Además, el streaming en directo sirve como una plataforma adecuada para reforzar los valores de tu marca. Deberías tratar con un streaming en directo como lo harías con otro medio de mercadeo porque estás transmitiendo tu voz al mundo entero. ¿Cuál es el mensaje que quieres transmitir al mundo sobre tu marca? ¿Cuál debería ser la "moraleja" para tus espectadores? Utiliza tu video en vivo para causar una impresión atractiva y mostrar tu personalidad a tus espectadores, sin embargo, asegúrate de no convertirlo completamente en un argumento para grandes ventas.

Conociendo la ley: Consideraciones sobre la legalidad de las transmisiones en vivo

La cantidad de contenido de video publicado en las plataformas de redes sociales ha aumentado con el tiempo. Y a medida que el número de personas que ven videos ha crecido, también lo ha hecho la cantidad de burocracia y legalidad que rodea la publicación de cualquier video en una plataforma pública.

Sin embargo, lo que está permitido puede variar dependiendo de la plataforma de redes sociales que estés usando. Los videos en vivo relacionados con programas de televisión y eventos deportivos son ilegales. Numerosas leyes tratan de los derechos de autor, y dar un paso en falso resultará en fuertes multas. La ubicación de tu transmisión en vivo es lo más crucial, y por lo tanto es bueno saber si tienes el derecho de llevar a cabo las transmisiones en vivo en tu lugar de elección.

Por ejemplo, puede estar bien filmar en una propiedad pública, pero aun así puede haber excepciones. Y aunque una calle puede ser considerada propiedad pública, no puedes bloquear el tráfico para grabar tu video.

También hay restricciones sobre la toma de videos dentro de los ambientes de un tribunal o una escuela. Aunque la mayoría de las escuelas están situadas en terrenos públicos, se han establecido leyes para proteger a los niños que van a la escuela de los depredadores. La transmisión comercial en vivo por parte de personas influyentes en las redes sociales y dentro de las empresas tienen el requisito previo de obtener un permiso.

Otras leyes (no relacionadas con la legalidad) que rigen las redes sociales se aplican también a las transmisiones en vivo. Considera lo siguiente:

1. La ley de la influencia

Esto implica hacer un intento de encontrar influenciadores en línea en tu mercado que tengan audiencias de calidad y una alta posibilidad de estar interesados en cualquier servicio o producto que estés comercializando. Debes conectar con esas personas y trabajar para establecer relaciones con ellas. En el caso de que te consideren una fuente de información crucial apasionante y autorizada, es probable que compartan tu contenido con sus numerosos seguidores, aumentando así tu audiencia.

2. La ley de la composición

En el momento en que publiques contenido de alta calidad y te esfuerces por crear una audiencia en línea con seguidores de calidad, éstos compartirán el contenido con sus audiencias en Facebook, LinkedIn e incluso en sus blogs. Compartir, así como la discutir el contenido, crea una apertura para que varios motores de búsqueda, como Google, encuentren el contenido en búsquedas cruciales. Estos puntos de entrada pueden incluso convertirse en miles de posibles medios para que la gente te encuentre en línea.

3. La ley del valor

No pases todo tu tiempo en las redes sociales promocionando tus servicios y productos; existe la probabilidad de que la gente deje de prestar atención a tu contenido. Lo mismo se aplica a la excesiva transmisión en vivo de tu marca. Esta es la razón por la que deberías añadir valor a la conversación. Intenta centrarte menos en las conversiones y enfatizar en el contenido, así como crear relaciones con otros influenciadores en línea. Con el tiempo, esos individuos se convertirán en un gran catalizador para tu negocio.

4. La ley de la calidad

Es bastante evidente que la calidad prevalece sobre la cantidad. Es mejor tener dos mil conexiones en línea que hayan leído, compartido y hecho comentarios sobre tu contenido, que veinte mil conexiones que desaparecen poco después de crear un enlace contigo. Por esta razón, debes asegurarte de que el contenido de tu video de transmisión en directo sea de buena calidad.

5. La ley de la paciencia

Debes tener en cuenta que el éxito en las redes sociales y en las transmisiones en vivo, no ocurre sólo en una noche. Lleva tiempo - piensa en años, no meses - construir una audiencia leal. Pero una vez que hayas construido esa audiencia, tu retorno en el tiempo y esfuerzo que tomó hacer crecer tu plataforma será inmenso.

Capítulo 3: ¿Qué es Facebook y por qué necesitas usarlo para hacer crecer tu negocio o tu perfil?

Conocida anteriormente como "El Facebook" cuando se lanzó por primera vez en 2006, Facebook es un servicio de red social y es la plataforma de redes sociales más visitada del mundo con aproximadamente 2.300 millones de usuarios en todo el mundo.

Facebook es accesible a cualquier persona con una dirección de correo electrónico que sea mayor de 13 años. Para crear una cuenta, visita el sitio web de Facebook, donde te "inscribirás" rellenando la información necesaria, como tu nombre, edad y sexo. Una vez que hayas configurado tu nueva cuenta, puedes personalizar tu perfil y comenzar a agregar amigos, seguir páginas, unirte a grupos y crear tus propias publicaciones. Facebook ofrece a sus usuarios una forma conveniente y eficiente de mantenerse conectados con la familia, los amigos y las noticias generales de todo el mundo.

Ahora, debido a que Facebook tiene el mayor número de usuarios en comparación con cualquier otra red social, no es de extrañar que las marcas y los editores estén acudiendo en masa para promover sus productos a través de esta plataforma. Estos usuarios son de diferentes orígenes, y es muy posiblemente la mejor plataforma para usar si se busca llegar a una mayor base de clientes.

La creación de un negocio o página personal en Facebook es una forma de crear exposición para tu marca o negocio. Legitima tu presencia en línea y te ayuda a relacionarte con clientes y seguidores. Puedes personalizar tu página o perfil agregando información, como información sobre el producto, dirección del sitio web, ubicación, detalles de contacto y horarios de trabajo. También puedes enviar invitaciones a los clientes actuales para que sigan tu página o perfil. Cuando los clientes y seguidores interactúen con tu página, sus amigos podrán ver esta actividad en su fuente de noticias. Este es un ejemplo perfecto de la vieja estrategia de mercadeo, "boca a boca". Otra forma de ganar seguidores es promocionar tu página a través de concursos u ofrecer un código de descuento cuando alguien sigue tu página. Una URL de Facebook memorable es algo que hay que considerar, ya que algo único está destinado a llamar la atención de alguien.

Es importante hacer que la página de tu negocio sea lo más profesional posible, ya que es un reflejo de la autenticidad y capacidad de tu negocio. Dicho esto, siempre es una buena estrategia publicar regularmente para mantener a los clientes y seguidores entretenidos o actualizados sobre cualquier nueva información. La actualización regular de las fotos también es una buena idea, ya que te da la oportunidad de mostrar tu producto o despertar la curiosidad sobre lo que ocurre entre bastidores.

Los anuncios de Facebook son otra opción si deseas llegar a una base de clientes más amplia. También existe "Facebook Insight", que es una herramienta gratuita y útil que te permite rastrear la información relevante, como por ejemplo cuántas veces tu publicación ha sido compartida y a cuántas personas ha llegado.

El compromiso, sin duda, es el alma de las redes sociales y su utilización en las estrategias de mercadeo hace que Facebook sea un poderoso activo para el mercadeo en las redes sociales. Según el experto en mercadeo digital Brandon Leibowitz, aunque Facebook no tiene el alcance del compromiso que tiene Instagram, "sigue teniendo la segunda tasa de compromiso de la audiencia más alta de todas las redes sociales" (2018).

Los anuncios de Facebook también funcionan increíblemente bien como una herramienta de mercadeo para las empresas. Como afirma

Social Flow, "Cada uno de los 1.700 millones de usuarios tiene un valor de 14,17 dólares en ingresos publicitarios anuales" (Leibowitz, 2018). Si se considera cuántos seguidores se podrían obtener de los ingresos de Facebook, esta plataforma de redes sociales proporciona más que un medio para llegar a más personas.

Sin duda, Facebook ha revolucionado las redes sociales al crear una plataforma en línea gratuita para que las empresas y las marcas socialicen con sus clientes y seguidores. Se ha convertido en un método esencial para promover el negocio o el perfil de una persona añadiendo un toque personal para hacer crecer un negocio.

Capítulo 4: Cómo usar Facebook Live

Ahora que sabes por qué el mercadeo en redes sociales de Facebook es una plataforma de mercadeo estratégico tan importante, ¿qué sigue?

Bueno, los sitios de redes sociales más grandes están mejorando continuamente sus servicios mediante la introducción de nuevas y emocionantes características para fomentar el compromiso con los clientes en las plataformas.

Facebook, sin embargo, fue el primer sitio web de redes sociales que realmente perfeccionó el arte de la comercialización de video en vivo. En agosto de 2015, Facebook lanzó Facebook Mentions, que más tarde pasó a llamarse Facebook Live. Esta característica permitió a los usuarios transmitir video en vivo en la aplicación. Desde su lanzamiento, Facebook Live ha aumentado rápidamente su popularidad. En 2018, se estimó que aproximadamente el 78 por ciento de las audiencias en línea preferían ver videos en Facebook Live que leer contenidos, ya que el video en vivo es más atractivo.

Los vendedores están entusiasmados con Facebook Live, todo por una buena razón. Es una forma divertida y directa de comprometerse con su público, dar información crítica sobre su marca y recoger comentarios útiles, todo en tiempo real. Pero hay algunos matices en esta herramienta que necesitarás saber si quieres aprovechar el poder del mercadeo a través de Facebook Live:

Guía rápida para la configuración de la cámara web de Facebook Live

Si estás usando un computador de escritorio, en la parte superior de tu fuente de noticias, haz clic en el icono "Video en vivo". La cámara web de tu ordenador se activará inmediatamente. El procedimiento en la aplicación móvil de Facebook es relativamente simple. Haz clic en el icono "Actualizar estado" y luego procede a Facebook Live. A continuación, se te pedirá que escribas una breve descripción de tu video antes de empezar a grabarlo. Ahora puedes seguir adelante y comenzar tu transmisión en vivo. Realmente es tan simple como eso.

Notifica a tus seguidores cuando planees salir en vivo

Si tienes una gran base de fans, es aconsejable anunciar siempre de antemano cuándo vas a salir en directo. Es una de las mejores maneras de crear anticipación y llegar a más gente.

Además, vale la pena promocionar tu evento en vivo en múltiples canales sociales para ayudar a maximizar tu audiencia. Si trabajas con una persona influyente, será aún mejor si ellos también promueven la emisión en su canal. Esto ayudará a aumentar aún más el número de espectadores de tu programa en vivo.

Cuantos más espectadores tengas, más se promocionará tu producto o servicio. Todo se reduce a una cosa, y es promover tu negocio. Sin espectadores, todo el proceso es inútil, así que asegúrate de anunciarlo cuando subas un video o una transmisión en directo para asegurarte de que recibes esas vistas tan codiciadas.

Ejecuta un lanzamiento de prueba de antemano

Prueba tu video antes de emitirlo. Puedes hacer que la publicación esté disponible sólo para ti. Esto te dará la oportunidad de revisar cualquier error y comprobar la calidad de tu video y audio.

La prueba también te ayudará a decidir tus objetivos. A diferencia de empezar una emisión en directo e improvisar sobre la marcha, es aconsejable como comercializador saber con precisión lo que planeas conseguir con tu emisión. La prueba te dará la perspectiva del espectador. Si encuentras que no te gusta algo del video, es probable que a tu público tampoco le guste.

Para eliminar la confusión y la posibilidad de dejar algo fuera de la emisión, puedes realizar varios lanzamientos de prueba hasta que estés satisfecho con los resultados. Esto no sólo centrará tu conversación en los objetivos establecidos, sino que también aumentará tu confianza. Descubrirás que, con el tiempo, mejorarás en hacer transmisiones en vivo de Facebook y eventualmente podrás eliminar las pruebas de lanzamiento por completo.

Preséntate varias veces a lo largo de las transmisiones en vivo

Puedes estar tentado a asumir que todos tus fans saben quién eres, pero esa no es la verdad. Algunos de tus seguidores, a pesar de que les gusta tu página, no te conocen a nivel personal. Otros son nuevos espectadores y amigos de los fans actuales que no tienen ni idea de quién eres o de qué trata tu marca.

Ya que tú eres la marca, tu intención debería ser presentarte y dar una breve descripción de lo que trata tu video. No todo el mundo suele estar en línea al mismo tiempo. A medida que el video se vaya emitiendo, conseguirás que más personas se unan a la emisión en diferentes etapas de la transmisión en directo. Esta es otra razón por la que deberías presentarte de nuevo, junto con el propósito de la emisión. A medida que notes que el número de espectadores aumenta, ten en cuenta que, si no tienen un incentivo para seguir viendo, dejarán de hacerlo.

Encuentra el equilibrio entre las transmisiones en vivo y otras herramientas de mercadeo

Facebook Live es una gran herramienta de mercadeo en línea. Aun así, no deberías centrar toda tu atención en esta única característica. Recuerda que tu audiencia es diferente, y aunque el 80 por ciento prefiere ver videos, el otro 20 por ciento también debe ser atendido.

Necesitas espaciar los videos en vivo con otro tipo de contenido. Esta estrategia te permitirá una máxima exposición en la plataforma. Sin embargo, tienes que ser inteligente al respecto. Por ejemplo, como los videos en vivo de Facebook ocupan un lugar más alto que todos los demás formatos de contenido - debido al algoritmo de Facebook - cualquier información importante que necesites anunciar debe ser hecha usando video en vivo. ¿Por qué? Porque este formato de contenido obtendrá la mayor visibilidad y llegará a la mayor parte de tus seguidores de Facebook. Entonces podrás seguir tu mensaje con algún otro tipo de contenido y medios.

No dejes que los errores y las equivocaciones te afecten

Hacer que los errores no te afecten es a menudo más fácil de decir que de hacer. Incluso con todos los ensayos del mundo, podrías terminar teniendo un lapsus en tu video en vivo. Sin embargo, esto no debería molestarte. Intenta tener en cuenta que la espontaneidad (y sí, eso incluye que cometas algún error) puede ayudar a dar un sentido de autenticidad a tu marca.

Muchas cosas pueden salir mal una vez que sales al aire, y la mayoría de ellas pueden no estar bajo tu control. Tu equipo puede fallar repentinamente, tu conexión a Internet puede caer, puedes ser golpeado por una ola de nervios, o incluso olvidar momentáneamente lo que querías decir.

Sin embargo, ¡ésta no es una razón para que dejes de emitir! Aunque estas situaciones pueden dejarte frustrado, debes aprender a adaptarte y a trabajar en ellas. Esto demuestra que eres humano, y que incluso puedes conseguir un mejor compromiso con tus fans. Si sientes que debes corregir un error o un desliz, hazlo de tal manera que no desvíes el enfoque del objetivo principal del video.

Aprende a reírte de ti mismo también. Te hace más simpático y agradable. Como el video es en vivo, tu audiencia entenderá que el desliz es tan normal como lo sería si estuvieran frente a ti. La belleza de

Facebook Live es que no está demasiado pulido. Sólo hay una cantidad limitada de contenido con guion que puedes poner en él. En cambio, en algún momento a medida que tu compromiso se vuelve más natural y fluido, será más fácil para ti improvisar. Así que, intenta bromear sobre cualquier error si puedes, pero lo más importante, sigue adelante. Tus emisiones nunca serán perfectas, pero dependiendo de tu actitud, pueden transmitir eficazmente el mensaje que pretendes hacer llegar.

Participa directamente con tus espectadores en vivo

La mejor manera de aumentar naturalmente la audiencia y el compromiso es interactuar activamente con tu público. Ya que estás en vivo, es imperativo que después de las presentaciones desmenuces lo que piensas hablar. Hazle saber a tu audiencia lo que esperas de ellos. Si esperas preguntas o cualquier forma de compromiso, hazles saber de antemano.

Facebook Live te da la oportunidad no sólo de responder instantáneamente a las preguntas, sino que también puedes utilizar un dispositivo diferente para responder a las preguntas en el cuadro de conversaciones de las transmisiones en vivo - todo lo cual te permite participar en conversaciones directas con la audiencia en tiempo real.

Además, cuantos más comentarios reciba tu transmisión en directo, mayor será la puntuación de relevancia de tu video. Esto, a su vez, determina cuán alto será tu rango en el muro de Facebook del usuario.

Un truco para fomentar una mayor interacción con la audiencia es mencionar a los miembros individuales de la audiencia por su nombre (especialmente cuando te hacen una pregunta en el chat). Esta estrategia no sólo hace que tu audiencia se sienta honrada, sino que también genera una sensación de intimidad entre tú y ellos. Es importante llamar a alguien por su nombre, ya que le hace sentirse especial y apreciado. Un fanático así definitivamente compartirá la transmisión y comentará sobre ella.

Con el tiempo, tendrás algunos fans que harán múltiples apariciones en tus emisiones. Asegúrate siempre de mencionarlos de vez en cuando. Dado que una transmisión en vivo puede seguir viéndose mucho tiempo después de que la emisión haya terminado, asegúrate de volver y responder a cualquier comentario que puedan haber sido publicados después de tu video. No dejes ninguna pregunta sin responder. De hecho, el mejor resultado para las respuestas de la transmisión en directo sería que la transmisión de video en directo desencadenara una conversación continua entre tu audiencia. Esto contribuirá en gran medida a cultivar una verdadera cultura para la comunidad, haciendo que todos se sientan incluidos e involucrados con tu marca.

Además, no olvides que eres tan humano como ellos. No tienes que ser perfecto. Sé tú mismo, y te darás cuenta de que tus pequeñas peculiaridades son las que te hacen más afín a tus seguidores.

Comparte tu enlace de transmisión en vivo en otras plataformas

Cuando termines de grabar, comparte la emisión en las diferentes páginas que gestionas, en grupos, a tu perfil, y envía el enlace por correo electrónico a tus suscriptores. Además, puedes añadir la emisión a tu sitio web.

Esto atraerá a más gente a tu página de Facebook y fomentará múltiples visitas. Necesitas crear un toque personal con tu audiencia para que esto funcione. Hay una línea muy fina entre el contenido interesante y el spam. Es por eso que necesitas ser amable y auténtico. Internet ya está lleno de videos retocados e imágenes arregladas. Lo creas o no, la gente no quiere ver la perfección.

Quieren ser honestos, abiertos y tan humanos como sea posible. Esta conexión uno a uno con tu audiencia te dará la ventaja que necesitas para mejorar tu marca.

Edita tu emisión como una historia

Los videos deben tener un esquema similar a una historia simple; debe haber un comienzo, un medio y un final.

Piensa en algunas cosillas que llamen la atención con antelación y úsalas al principio de tu transmisión en vivo para mantener activamente a tu audiencia involucrada antes de que te metas de lleno en el programa. Por ejemplo, podrías empezar con una historia personal sobre ti y la marca, ampliar una estadística clave de la industria y cómo se relaciona con tu negocio, o contar algunos datos divertidos para entretener a tus espectadores. En otras palabras, necesitas comenzar tus emisiones con mucha energía y conectar con tu audiencia desde el principio.

Mientras que en la mitad de tu emisión es donde cuentas la mayor parte de tu historia, ten en cuenta que tu audiencia se unirá a tu transmisión en directo en diferentes puntos de la emisión. Por eso, asegúrate de volver a introducir el tema y cualquier invitado en directo periódicamente a través de la transmisión. Estas pausas de reintroducción son también un buen lugar para animar a la audiencia a participar y "comentar en el cuadro de chat de abajo".

El último componente clave de tu emisión es el final. Ten en cuenta cuáles eran tus objetivos al principio. Recuerda lo que esperas que sea el próximo movimiento de tu audiencia. Resume primero el punto crucial, agradece a tus invitados por acompañarte (si tuviste una sesión de entrevista), y muestra también tu aprecio a tus fans por participar. Recuerda a tu público lo que deben llevarse de la sesión, y reitera esto en la sección de comentarios.

Después de terminar tu transmisión en vivo, el siguiente paso no debe ser acerca de cuándo presentar el siguiente show. Primero debes mirar el trabajo que has hecho y analizarlo para obtener cualquier consejo que puedas usar para la próxima vez. Evalúa lo que no funcionó, lo que podría haber funcionado y lo que debería haberse eliminado por completo. La próxima vez que publiques una transmisión en vivo, incorpora lo que has aprendido de la última transmisión en vivo para que la próxima sesión sea aún mejor.

Además de concentrarte en cómo te desempeñaste, debes ver las secciones de comentarios y ver qué reacción tuvo tu audiencia con respecto a la transmisión. Esto te ayudará a evaluar a qué respondió tu público más y qué no le gustó en absoluto.

Para mejorar aún más tu juego, ve cómo tus competidores están usando Facebook Live para hacer crecer sus negocios. Realizar un análisis similar al de tus videos en vivo te dará una idea de lo que funciona para la audiencia. Esto es fácil de hacer, ya que es muy probable que tus competidores y tú tengan el mismo tipo de audiencia. Aprende sus tácticas y los temas en los que se involucran que parecen resonar más con los fans. A medida que la demanda de consumo de video continúa aumentando en las plataformas de redes sociales en línea, se predice que Facebook Live crecerá aún más en popularidad. Crear un gran contenido para tus transmisiones en vivo no es tan difícil como puede parecer al principio. Con una mente abierta y un espíritu resistente, también encontrarás que Facebook Live es una gran herramienta en tu arsenal de mercadeo en redes sociales.

Capítulo 5: ¿Qué es YouTube y por qué necesitas usarlo para hacer crecer tu negocio o tu perfil?

YouTube es un sitio web de intercambio de videos en línea que fue lanzado por primera vez en 2005. Permite a los usuarios subir contenido de video y, a su vez, los usuarios pueden calificar, comentar, gustar y compartir estos videos.

Los usuarios de YouTube pueden suscribirse a diferentes canales de YouTube, lo que les permitirá acceder inmediatamente a todos los videos de los canales a los que están suscritos y recibir notificaciones cuando se suba un nuevo video. La mayoría de los videos de YouTube son de libre visualización, y en esta plataforma se utilizan muchas formas diferentes de promociones y anuncios. YouTube es el segundo sitio web más utilizado en el mundo, después de Google y antes de Facebook.

YouTube recibe más de mil millones de visitantes en su sitio mensualmente. Con una cantidad tan grande de gente navegando por los videos, ofrece muchas oportunidades para hacer crecer tu negocio o tu perfil. También tiene una opción de compartir fácilmente los videos, lo que hace posible difundir el contenido cargado. Puedes adjuntar tus enlaces de video de YouTube a tus otras cuentas de redes sociales, en lugar de tener que subir un video en cada sitio web por separado. Con la opción de me gusta y no me gusta de los videos, podrás ver las respuestas positivas y negativas a tu contenido. Al principio, puede parecer una tarea desalentadora usar videos para hacer crecer tu negocio, pero con suficiente motivación y paciencia, estarás bien encaminado.

En todo el mundo, hay alrededor de 1.325 millones de usuarios de YouTube. Cada segundo, cinco horas de video se suben a esta plataforma. Este alto número de usuarios explica por qué el mercadeo de YouTube se está convirtiendo rápidamente en una importante herramienta de mercadeo para las empresas. Por ejemplo, durante los últimos años, Cisco -un conglomerado de informática y hardware de redes- se ha centrado en mejorar sus enrutadores, ya que la cantidad de tráfico web causado por el contenido de video ha aumentado exponencialmente. De hecho, ya en 2018 el 78 por ciento del contenido de Internet estaba basado en video.

Esto ilustra la importancia del video en la comercialización. Muy a menudo, un video tan simple como una reseña de un producto puede obtener un gran número de opiniones, especialmente si el producto comercializado es innovador y el reseñador es muy conocido.

El crecimiento de la popularidad de las transmisiones en vivo por Internet ha aumentado enormemente en los últimos dos años. Por ejemplo, el número de espectadores en 2017 fue un 81% más alto que el de 2016. Es más, se espera que esta tendencia continúe. Los investigadores han pronosticado que para 2021, toda la industria de transmisión de video en vivo valdrá más de 70 mil millones de dólares.

La actualización más reciente para las transmisiones en vivo es la de las aplicaciones móviles de transmisión en vivo. A pesar de que se lanzó el año pasado, ha ganado mucha popularidad entre los usuarios seleccionados de Android. En 2016, los videos de YouTube disponibles al público con más de 25.000 visitas se convirtieron en 2.800 millones. El número aumentó a 6.900 millones, que era el 200 por ciento en 2017. Estos números y estadísticas no mienten; la web se está convirtiendo ahora en videos. La comercialización en YouTube es el camino a seguir tanto para los propietarios de negocios en línea como fuera de línea. Aprovechar este cambio en el contenido de la web es importante.

No hay mejor momento para probar YouTube Live para la comercialización de tu marca que ahora. Sin embargo, no te metas en esto a ciegas. Los errores son inevitables, lo que puede costar la imagen de tu marca a lo grande. Ser cauteloso y aprender las mejores prácticas de los profesionales ayudará a impulsar tu negocio para tu plan de mercadeo en YouTube. Es esencial mantenerte al tanto de todas las características y actualizaciones de YouTube si deseas obtener de manera consistente el máximo de cada sesión de transmisión en vivo. Además, YouTube Live ofrece más servicios de los que puedas imaginar.

Un ejemplo de esto sería el patrocinio de YouTube. Los Patrocinios de YouTube son básicamente una asociación entre dos marcas en un intento de promoverse mutuamente. Las marcas más grandes pueden ser pagadas para colaborar, mientras que las más pequeñas sólo tienen como objetivo obtener más exposición y ganar seguidores. Se te puede dar un enlace para que coloques en tu video para dirigir a los espectadores al sitio web de la marca colaboradora, o se te pueden enviar productos para que los revises en un stream. El contenido de calidad es de enorme importancia para los patrocinadores, por lo que siempre hay que tratar de darlo todo en tus transmisiones para atraer patrocinadores.

Una breve introducción a la historia de YouTube Live

A lo largo de los años, YouTube Live ha cambiado mucho. Entonces, ¿cómo se desarrolló originalmente esta plataforma?

Bueno, ya en 2010, Google ya había empezado a emitir eventos populares en línea. Famosos conciertos musicales y eventos políticos, como las conferencias de prensa del presidente Obama, fueron los primeros eventos en ser transmitidos en YouTube Live. Más tarde, comenzaron a probar una función en vivo en su plataforma con usuarios seleccionados de todo el mundo. El éxito con estos pocos usuarios hizo que la compañía abriera las puertas para que todos usaran esta plataforma.

¿En qué plataformas se puede encontrar la transmisión de YouTube Live? YouTube Live está disponible en tres plataformas diferentes:

1. YouTube.com

2. YouTube Gaming

3. Aplicación móvil de YouTube

Las tres plataformas ofrecen esencialmente el mismo servicio. Una vez que se transmite un video en vivo, se guarda automáticamente para que los espectadores lo vean en otro momento. Las tres plataformas también dan al propietario del contenido el derecho de protegerlo a través del sistema de identificación de contenido de YouTube. Te permite elegir si quieres hacer público tu contenido de forma gratuita o de pago (a través del servicio de transmisión de contenido de pago de YouTube).

Diferencias entre las tres plataformas de transmisión de YouTube

Sólo unas pocas diferencias separan las tres plataformas.

Por ejemplo, con la versión de escritorio y la versión de aplicación móvil, la configuración es ligeramente diferente.

Con la plataforma de juegos y el sitio titular, los usuarios tienen la libertad de crear streaming inmediato. Esta plataforma da hasta 12 horas de video para el consumo público.

La elección de guardar el contenido dependerá del titular; se puede elegir entre guardar o descartar el contenido de video.

Las tres plataformas tienen la función de "Eventos". Se te da un máximo de ocho horas para grabar dichos eventos.

Capítulo 6: Cómo usar YouTube Live

El proceso de grabación de un evento en vivo en la plataforma de YouTube Live es un poco diferente. Busca "Go Live" en la sección de canales de tu cuenta de YouTube; tendrás que introducir un título antes de rellenar un formulario.

En el pasado, sólo los usuarios con más de 10 mil suscriptores podían usar esta función en particular. Sin embargo, desde entonces ese número se ha reducido a sólo mil suscriptores. Esto ha permitido que la característica esté disponible para la mayoría de las personas, ya que conseguir mil suscriptores es relativamente factible para la mayoría de los nuevos canales.

Ahora, una vez que estés listo para salir en vivo, aquí están algunas de las mejores prácticas para asegurarte de que tu sesión de YouTube en vivo se realice sin problemas:

Secuencia de video

Para asegurarte de que te tomas tu tiempo, trata de asegurarte de que tu secuencia es perfecta. Los espectadores se aburren fácilmente con los contenidos de video largos (es decir, cualquier video de más de 10 a 15 minutos de duración), así que, para asegurar la máxima audiencia, haz que tu contenido dure como máximo cinco minutos. Los videos de mercadeo son diferentes de los videos comunes de YouTube, y hay algunos factores importantes que deben tenerse en cuenta al hacer un video de transmisión en directo destinado a la promoción de una marca.

En primer lugar, informa al espectador de quién eres o de qué se trata tu producto. Aquí, no des demasiada información. Deja a los espectadores con curiosidad. Demasiada información asustará fácilmente a los espectadores debido a la percepción negativa de tu producto. Además, informa al espectador de cualquier otra plataforma en la que puedan encontrarte. En el caso de un tecnicismo o un problema de red al ver el contenido, entonces tienen una plataforma alternativa en la que encontrar tu contenido.

Diles lo que pueden esperar

Después de la breve introducción, da alguna información sobre tu video. La información que se necesita aquí incluye por qué deben ver el video, básicamente por qué se espera que el espectador se beneficie al ver el video. La información más importante que debes dar a tus espectadores es la duración del video. Como ya he mencionado, un video largo y estirado es probable que cause la pérdida de espectadores. Este es uno de los factores más importantes para determinar si los espectadores continuarán viendo el video o lo abandonarán. Tener un video corto hará que los espectadores sientan que no perderán mucho tiempo, así que está bien ver todo el video. Si ven otros videos recomendados tuyos de la misma duración, también los verán.

Dales la verdadera información

Sin impacientar a tu espectador, entrega tu mensaje de la manera más clara y simple. Asegúrate de que tu mensaje sea fácilmente comprensible para tus espectadores. Este es el momento decisivo para tus espectadores. En este punto, ellos juzgarán si su tiempo fue bien empleado o una pérdida de tiempo. Consulta ampliamente antes de llegar a este mensaje. Mira las historias de éxito y toma prestadas sus ideas. Alternativamente, busca la ayuda de un estratega de la información. Si sientes que no estás bien situado para transmitir el mensaje, deja que alguien que creas que es mejor que tú vocalmente transmita el mensaje.

Aquí hay un resumen:

Recuerda al espectador qué información estás dando, brevemente. Asegúrate de que esta parte sea lo más breve posible. De lo contrario, te arriesgarás a que tus espectadores se aburran con tu video.

El humor es la clave. Mientras das tu información, entusiasma a tus espectadores con información humorística relacionada con tu mensaje original. Puede tratarse de consejos, advertencias o recomendaciones. A través de esta pieza, eliminarás la percepción del espectador de que sólo estás interesado en vender tu producto. Es esencial que tus seguidores sientan que te preocupas por su bienestar. Esta parte del video podría cambiar todo si se entrega bien. Se tan honesto como sea posible.

Llama a la acción

No produjiste tu video por diversión. ¿Cómo puede mejorar tu marca? Muchos video-consultores de YouTube se pierden esta parte; tu video debería tener un llamado a la acción pidiendo a los espectadores que se suscriban a tu canal o que compren algo antes de ver más videos. A medida que te acercas al final de tu video, tómate un momento para mostrar a tus espectadores el enlace que tienen que seguir para encontrar más información sobre tu producto. A la gente le gusta hacer clic en las cosas y seguir los enlaces. Ya sea por curiosidad o por un interés genuino, realmente no importa porque estás recibiendo clics y tu producto o servicio está siendo expuesto. Es la naturaleza humana básica de querer pulsar botones o hacer clic en las cosas. Explota eso.

Creación de video

Durante las etapas iniciales de la creación de tu canal de YouTube, este es un problema que probablemente experimentes. No a todos les entusiasmará la idea de aparecer en YouTube. La belleza de las transmisiones en vivo de YouTube es que puedes usar a otros para difundir tu mensaje. Mucha gente usa a las celebridades, como atletas o músicos, para promover sus productos. A pesar de que esta empresa podría ser costosa, ha demostrado dar más frutos que el uso de gente común. También puedes ganar una mayor audiencia colaborando con varias personas que ya tienen presencia en Internet. Puede ser difícil encontrar un contenido original, pero traer algo nuevo a la mesa es seguro que te hará ganar algo de atención. Además de esto, aquí hay algunos trucos para recordar cuando se hace el contenido:

No estires las cosas. Es mejor hacer algo corto y simple en lugar de aburrir a la audiencia. Asegúrate de que los primeros segundos sean lo suficientemente interesantes para que vean más.

El contenido debe ser memorable y algo de lo que valga la pena hablar. Un tema específico debe ser presentado, dejando una declaración audaz y animando a los individuos a difundir tu contenido a través de la discusión.

Haz posible el uso de un video para múltiples propósitos como la promoción de un evento próximo, un nuevo producto o tus otras cuentas de redes sociales.

Se proponen diferentes contenidos para lograr diferentes objetivos. A continuación, se muestra una lista de lo que se pretende conseguir con el contenido de tu video:

Realizar ventas directamente

Esta es la forma más simple de aumentar tus ventas. Cuando tu objetivo principal es hacer ventas, tu mensaje es simple y debe incluir el precio de tu producto, dónde se encuentra tu producto y cómo puedes hacer un pedido. Esto se aplica siempre que haya una promoción u oferta para nuevos clientes. ¿Qué es lo que más entusiasmará a tus clientes?

Construir el sitio web de tu marca

Si tu objetivo a largo plazo es aumentar la popularidad de tu sitio, tienes que confiar en tu curso de acción y hacerlo sin dudarlo. Es difícil cuantificar tu progreso aquí. La paciencia es la clave. Hazlo bien, y por un largo período, y verás que la popularidad de tu sitio web aumentará con el tiempo. Una vez que tengas una sólida base de clientes, el resto seguirá. Los suscriptores leales, los clientes y las personas que a menudo compran tus productos se asegurarán de compartir tus videos y enlaces si el contenido y los productos o servicios son entretenidos y suficientemente buenos.

Construir una base de lectores de tu sitio web

A través de tus videos en vivo, explica a tus espectadores por qué deben visitar tu sitio web; por qué es único y qué ganarán al visitarlo. A través de YouTube Live, puedes obtener ventas directas o suscriptores directos de tu sitio web.

Encuentra un cliente potencial

En tu video, pide a los espectadores que hagan clic en el enlace de tu sitio web. Explícales el valor de hacer clic en el enlace. Asegúrate de hacer un seguimiento de los clientes que hacen clic en tu enlace. Pregúntales si tienen preguntas. Una solución rápida y útil aumentará tus relaciones con los clientes.

Consejos para tener éxito en el mercadeo mediante streaming en YouTube

La calidad es la clave

Nunca comprometas la calidad de tu contenido. Siempre asegúrate de que tu video esté tanto auditiva como visualmente a la altura de los estándares. No hagas que tus espectadores tengan dificultades para ver tu video. Esto se refiere a lo que he dicho antes. Siempre es mejor gastar un poco más que comprometer la calidad del video. Siempre que sea posible, transmite desde lugares interesantes con buena iluminación o en algún lugar con un fondo estéticamente agradable. Puede costar un poco más, pero el contenido vale la pena. Haz que la experiencia de tus espectadores sea lo más agradable posible. Todo esto comienza con la calidad de tu dispositivo. Un buen dispositivo puede proporcionar claridad a tu contenido.

Promoción temprana

Esto puede ser proporcionado por una característica como la opción "Eventos". A través de esto, podrás hacer que tus espectadores se emocionen al ver tu video. También puedes utilizar plataformas, como el correo electrónico, para comunicar al público sobre un próximo evento de transmisión en vivo. La forma más utilizada para dar un resumen de un futuro evento es el uso de un tráiler. Este es un video corto que muestra a los espectadores lo que pueden esperar ver en la versión completa.

Usar el equipo adecuado

Tu esfuerzo no es suficiente para proporcionar un video de calidad. El dispositivo utilizado importa mucho. ¿Tu dispositivo puede soportar un gran volumen de emisión? ¿Qué claridad ofrece tu dispositivo? Aquí hay algunos factores esenciales que debes tener en cuenta:

- Encontrar una conexión a Internet fiable

- Tu codificador debe estar dedicado

- Tener una computadora de alta capacidad

- Planear una opción de respaldo

- Utilizar una cámara web y un micrófono de calidad

Hacer una prueba necesaria antes del momento real

Antes de comenzar las transmisiones en vivo, prueba todo el equipo para asegurarte de que funciona bien. Hazlo 24 horas antes del evento real. Esto te dará tiempo para reemplazar o rectificar un dispositivo defectuoso. Si todo está bien, haz lo mismo 30 minutos antes del evento.

Monitorea la retroalimentación

Durante las transmisiones en vivo, los espectadores probablemente darán retroalimentación como que acerques el micrófono a la boca o que ajustes la cámara correctamente. Esta retroalimentación mejorará la calidad del video. Además, no hay nada más molesto que un streamer que entrecierra los ojos mientras lee los comentarios del cuadro de chat. Por eso es importante que el chat sea grande. Esto te permitirá leer los comentarios de forma rápida y efectiva sin irritar a los espectadores.

¿Cuál es tu plan B?

Si las cosas salen mal durante la entrega del mensaje, ¿detendrás el video? Si experimentas un apagón, ¿qué harás? Ten un portátil de reserva. Lo peor que puedes hacer durante un evento de transmisión en vivo es apagar el video sin una explicación. Esto desacreditará la percepción que el espectador tiene de tu mensaje. Aquí es donde las otras plataformas también son útiles. Además, asegúrate de tener un plan de respaldo en caso de que el wifi se caiga. Siempre, siempre ten un plan B.

Capítulo 7: ¿Qué es el Instagram y por qué necesitas usarlo para hacer crecer tu negocio o perfil?

Instagram es una de las plataformas de redes sociales más populares hoy en día. Deberías considerar la posibilidad de comercializar tu negocio utilizando esta plataforma, si aún no lo has hecho. Instagram sigue mejorando sus servicios para ayudar a las empresas a tener éxito en su comercialización. Una de estas características es Instagram Live. Introducida en noviembre de 2016, esta característica permite a los usuarios publicar videos durante todo el día para que sus seguidores los vean.

Unos 100 millones de usuarios de Instagram publican y ven videos en vivo todos los días. Si esto no es un incentivo suficiente para usar Instagram para el mercadeo, no sé qué lo es. Las empresas pueden usar Instagram Live para conectar y comprometerse con sus clientes, siempre que te mantengas fiel a tu marca.

Como hemos mencionado anteriormente, Facebook es una plataforma de redes sociales muy útil para comenzar tu viaje de mercadeo, pero Instagram es la clave para la colocación de productos en vivo. Instagram tiene usuarios en todo el mundo, lo que significa que la diversidad general de tu clientela aumentará dramáticamente con el uso de esta herramienta. Tal vez por eso Instagram está clasificada como número uno en la lista de plataformas de redes sociales con mayor alcance (Leibowitz, 2018).

Como todas las plataformas de redes sociales, Instagram proporciona una forma más barata para iniciar con las herramientas de mercadeo. Cuando se busca una audiencia más joven, Instagram es la clave (Leibowitz, 2018). La mayoría de los usuarios también están familiarizados con la transmisión en directo, que es donde los profesionales del mercadeo tienden a obtener información útil para sus productos y servicios.

Dado que Instagram depende en gran medida de las imágenes, los aspectos visuales de la plataforma son especialmente importantes. Por eso los videos en vivo en Instagram tienden a funcionar bien. Las ideas emocionantes e innovadoras tienden a despegar en el sitio, e incluso las palabras elegantemente escritas proporcionan excelentes bases para el trabajo futuro.

Historias de Instagram

Esta es una de las características más populares de la plataforma. Las historias de Instagram tienen una vida útil de sólo 24 horas después de ser publicadas. Puedes publicar fotos, videos grabados, texto simple y boomerangs. Pueden ir acompañadas de etiquetas, emojis, stickers, etiquetas de localización y temperatura.

La interacción con tu base de fans se hace aún más fácil usando los stickers para las encuestas, las barras de deslizamiento y las preguntas. Además, puedes aprovechar la función de preguntas y presentar una función semanal de "pregúntame lo que sea", en la que podrás abordar las preguntas más comunes sobre tu marca. Las historias destacadas son otra forma divertida de atraer la atención positiva hacia tu marca. Hasta que te deshagas de ellas, permanecerán en tu perfil.

La naturaleza efímera de las historias de Instagram proporciona una excelente atracción para los consumidores actuales y futuros. Debido a que las historias sólo están disponibles durante un día, los videos promocionales con regalos y recompensas adicionales son especialmente vitales para aumentar el crecimiento de los consumidores. Cuando los clientes sólo disponen de poco tiempo para introducir información o utilizar tu etiqueta, es probable que muchos visiten tu sitio en mayores volúmenes.

Videos en vivo

Además de las historias de Instagram, puedes aprovechar la transmisión de videos en directo para dar a tu público una visión del aspecto entre bastidores de tu marca. Esto puede ser aprovechado para anunciar a los recién llegados, impulsar las ventas de los ya existentes y responder a las preguntas en vivo a través de comentarios.

Los videos sólo duran 24 horas, pero si deseas que permanezcan más tiempo en tu muro, puedes subir contenido grabado directamente a través de la aplicación para publicarlo.

Actualmente, Instagram Live sigue siendo incomparable en su capacidad de conectar a las empresas con su base de fans. Como la más reciente adición a Instagram, esta característica te pone en contacto directo con tu público, generando así una experiencia genuina y más íntima en comparación con otras formas de contenido.

Instagram Live tiene algunas recompensas adjuntas como incentivo para que los usuarios utilicen más la función. Esto es una ventaja si quieres llegar a tu público a través de esta plataforma. Instagram ha hecho un paso más fácil para ti al proporcionarte algunos bonos:

Prioridad en las publicaciones. Instagram Live te pone al frente y en el centro de las publicaciones de tu audiencia. El algoritmo de Instagram asegurará que tu video en vivo aparezca en la parte superior de las noticias de los usuarios, aumentando las posibilidades de que tu publicación sea vista.

Notificación a los fans. No te preocupes por salir en vivo sin que tus seguidores lo sepan. Envía el recordatorio de notificación a todos tus seguidores inmediatamente antes de empezar a emitir. Esta función está activada de forma predeterminada, por lo que no es necesario activar las notificaciones para ser alertado. A través de esto, tendrás la tranquilidad de saber que tu video en vivo será transmitido lo más ampliamente posible.

Aumenta la exposición después de la transmisión. Esta adición es relativamente nueva para Instagram Live. Permite a tus seguidores continuar viendo tu video dentro de las 24 horas de tu publicación. El video seguirá indicando que está en vivo en el muro de la gente, haciendo aún más fácil comprometerse con ellos por más tiempo.

Capítulo 8: Cómo usar Instagram Live Transmitir en vivo como estrategia de mercadeo en Instagram

Al usar los videos en vivo como medio para pasar tu mensaje, necesitas dar en el blanco entre la espontaneidad y el profesionalismo. Aunque el objetivo de las transmisiones en vivo es eliminar la sensación de edición de postproducción, tus videos deben girar alrededor de un punto focal. Necesitas encontrar un tema central que resaltes durante la sesión.

Promociona tu Instagram Live en tus historias de Instagram. Haz saber a tus seguidores que pronto saldrás en vivo. Se específico en el tiempo exacto y los temas que deseas cubrir. Además, esta es una oportunidad para hacerles saber lo que esperas de ellos en lo que respecta al compromiso. Ya que no todos tus seguidores están en la misma zona horaria, asegúrate de añadir este pequeño detalle en tus historias promocionales de Instagram.

Cuanto más ruido crees de antemano, más espectadores podrás atraer. Si quieres lanzar un producto, aprovecha esta oportunidad para dar un vistazo a lo que planeas lanzar. Un poco de publicidad ayudará mucho a que tu público se anime a ver el video en vivo.

Aunque el video en directo sigue teniendo una audiencia masiva después de que lo hayas publicado, te servirá más si puedes conseguir la mayoría durante la transmisión real. Esto aumentará el compromiso y hará que la sala de chat sea aún más animada con la transmisión de comentarios en tiempo real. Este escenario puede desencadenar una conversación entre tus seguidores en la que podrás participar. Este tipo de compromiso individual no es fácil de conseguir una vez que el video en directo termina.

La promoción de tu video en vivo en Instagram no debe limitarse a las historias de Instagram. Deberías hacer todo lo posible para intentar llegar al mayor número posible de tus seguidores. Envía un boletín informativo a tu lista de correo electrónico. Un correo electrónico debe ser enviado unos días antes de que salgas en vivo, y el otro justo antes de empezar a transmitir. Esto informará a tus fans de antemano sobre el evento y les recordará justo antes de que salgas en vivo.

Aparte de las historias de Instagram, puedes aprovechar otras opciones de la plataforma para este propósito. Publica una foto para anunciar tu próximo evento en tu historia. Aunque parezca una locura, hacer un video en vivo para anunciar cuando planeas salir al aire funciona. Crea etiquetas para que tus consumidores y nuevos clientes los compartan. La creación de palabras clave para tus productos y servicios también te da una posición en los motores de búsqueda. Muchos negocios que promueven el uso de estas etiquetas aparecen en las primeras posiciones de los SEO.

Es probable que tengas una gran cantidad de cuentas en otras plataformas de redes sociales. Utiliza sitios como Facebook y Twitter para crear publicidad sobre tu próximo evento. Tu sitio web también debería cantar la misma canción. Aunque no necesariamente te consiga muchos espectadores, tienes que intentarlo todo para maximizar la asistencia. Querrás llenar estos sitios con noticias de tu intención de salir en vivo para conseguir tantos espectadores como sea posible en el día real. Dicho esto, hay algunos consejos que puedes usar para maximizar el efecto de tu video en vivo.

Organiza un evento de previsualización

Organizar una previsualización es una buena idea dependiendo de lo que quieras hablar. Esto es importante porque si un seguidor capta tu video en directo en algún punto intermedio, dejará de verlo si no puede seguir el ritmo de lo que estás hablando. Por eso, una previsualización que resalte brevemente los detalles de tu transmisión en vivo es una gran idea. Debería durar unos cinco minutos, que es tiempo suficiente para que la gente agarre el hilo.

Define tus objetivos

Aunque esto no es necesario, debes entrar en tu video en vivo con una mentalidad clara de lo que quieres lograr. Esto te permite concentrarte en lo que hay que hablar y en la mejor manera de atraer a tu audiencia.

Tanto si se trata de impulsar las ventas, promocionar un producto específico o simplemente luchar con tus fans, tener un objetivo establecido te dará un criterio con el que medir tu rendimiento más adelante. Aunque Instagram Live no es la mejor manera de impulsar las ventas, es una característica importante para construir tu marca y crear un sólido compromiso entre el cliente y la marca. Además, puedes atraer a la audiencia compartiendo un descuento exclusivo con tus asistentes en directo. Esto fomentará un sentimiento de exclusividad y puede ayudar a impulsar tus ventas. Debes ser creativo a la hora de proponer un pedido oportuno al final de tu video.

Tu objetivo debe contener un esquema de los puntos que quieres llevar a casa. No hay nada peor que un video en directo que no parece terminar. Un video de este tipo sigue y sigue y, en algún momento, empieza a repetir los puntos ya resaltados.

Tu esquema no debería limitarte, sin embargo, y no hace falta decir que la especificidad te dará resultados. Incluso cuando te salgas del guion, asegúrate de que lo que digas o añadas esté en consonancia con el tema del día. No tengas miedo de "salirte del guion" de vez en cuando. A menudo, esto suele ser lo más destacado del video y hace que sea un momento memorable.

Se participativo

Mantén un ritmo alto en tu video. Ya que interactuarás en vivo con tu público, tu tiempo es invaluable. Como resultado, no querrás aburrirlos con una conversación que empieza genial, pero que se va reduciendo hacia el final. Comienza, permanece y termina a un ritmo elevado.

Es tu responsabilidad mantener viva la interacción y la sala de chat. Comunicarte con una voz monótona y sosa perderá la atención de tu público. El factor clave aquí es comprometerte e interactuar con los espectadores que ya tienes.

Si un fan dice "Hola", responde al saludo. Responde a todas las preguntas según tu entender. Recuerda, estás aquí por la audiencia.

La gente asocia una marca con sus empleados. Tu interacción con la audiencia venderá tu negocio o lo perderá. Una mala experiencia es suficiente para desanimar a un fan, y un cliente insatisfecho es una entidad peligrosa para el negocio. Sonríe a menudo, y fomenta un estado de ánimo alegre. Afortunadamente, hay filtros faciales que puedes usar para añadir más diversión a tu video.

Para reducir la monotonía, deberías considerar la posibilidad de organizar una sesión de preguntas y respuestas con tu público. El tema de tu video podría ser simplemente responder preguntas y abordar cualquier desafío que el público pueda tener con tu producto o servicio. Es una forma vital de fortalecer la relación entre la marca y el cliente, así como de ayudar a la gente a entender mejor tu marca. Puede que descubras que una sesión de este tipo recibiría mejores resultados que una sesión destinada a vender un determinado producto a tu público. A menudo, los clientes tienen muchas reservas sobre las empresas que se centran únicamente en las ventas y no en las necesidades del cliente.

Con todo, no dejes que ninguno de los miembros de tu audiencia salga de la sala de chat insatisfecho. Esto es carne de cañón para una mala crítica, y no puedes permitirte tal publicidad, especialmente en línea. Asegúrate de convencerlos de que compren tu marca, así como tu lealtad.

Grabar videos de alta calidad

Al ver un video, el 67 por ciento de los usuarios en línea perciben la calidad del video como la característica más importante. De manera similar, según una encuesta de transmisión en vivo, el 23 por ciento no compraría con confianza a una marca que publicara un video de baja calidad.

La calidad importa. Significa que alguien fue lo suficientemente considerado como para mirar los detalles. Un video de baja calidad sólo demuestra que no te preocupas lo suficiente por tu marca o por la experiencia de tu audiencia. Como resultado, te arriesgas a perder los fans que ya tienes y a perderte cientos que podrías haber ganado potencialmente.

Mientras filmas, invierte en un teléfono de buena calidad y asegúrate de que tu conexión wifi sea buena. Esto va para la recepción de tu servicio, también. Cualquier corte en las transmisiones en vivo puede disuadir a los espectadores de ver tu programa. La triste realidad es que nadie es lo suficientemente paciente para quedarse mientras arreglas tu conexión. Simplemente se van. Y punto.

Destacar las operaciones y eventos del día a día

El 87% de las personas prefieren ver contenido entre bastidores en línea. Ya sea que tu compañía sea la anfitriona de un evento o asista a una cumbre, comparte esto con tu audiencia en línea. Publicar fotos fijas del evento no es suficiente para darles la sensación completa de la experiencia.

Digamos que tu empresa es la anfitriona de la comunidad local en tu oficina. En lugar de limitar el foro a la audiencia física de la sala, transmite en vivo el evento para dar a tu audiencia en línea una experiencia cruda, detrás de las escenas. Deberías tener un miembro del equipo que maneje la audiencia en línea que pueda participar de manera similar en el foro, hacer preguntas y aprender tanto como el resto.

Esto no sólo es una experiencia divertida para todos los asistentes, sino que demuestra lo invertido que estás en tu marca. La gente se adhiere a una marca porque les gusta la experiencia que obtienen del equipo. ¿Alguna vez te has preguntado por qué a la gente le encanta ver imágenes detrás de las escenas de las películas? Es porque disfrutar de una película no es suficiente. La experiencia completa viene en saber lo que pasa donde la cámara no llega. Saber cómo son los famosos cuando no están filmando, estos suelen ser los mejores clips. Lo mismo se aplica a tu marca.

La mayoría de las veces, un producto no suele ser muy diferente del siguiente. La verdadera señal de poder es que la gente te elija a ti en vez de a los demás. Por eso necesitas que tu público se conecte con la gente detrás de la marca.

Necesitas entrenar a tu equipo en cómo comportarse y hablar por la marca. Si consigues que tu equipo invierta en la marca tanto como tú, no deberías tener ningún problema con tu negocio. Muchas veces hemos visto a clientes dejar de lado un producto porque un empleado habló mal de la empresa. Si la publicidad negativa es verdadera o falsa hace poco para reparar la confianza rota.

La gente compra porque se ha conectado con alguien de dentro. Su audiencia quiere saber la vibración de su compañía, cómo es la gente y qué piensan de la compañía. Entonces, para una situación en la que tienes varias personas representando tu marca, ten cuidado de inculcarles los principios que quieres que se reflejen en el mundo.

Avalar, lanzar y utilizar un producto

Usa Instagram Live como plataforma para promover un nuevo producto. Anuncia a tus seguidores la fecha prevista de lanzamiento en un video y habla del producto. Honestamente, este es el mejor lugar para un lanzamiento en vivo o un preestreno. Explica a tus clientes lo que hace que tu producto se destaque entre los de la competencia.

Crea publicidad de antemano y sal al aire unos minutos antes del lanzamiento oficial, involucrando a tu público en las imágenes en bruto del lanzamiento del producto. El suspenso que crea tu video atraerá a tu público para que se adhiera a todo el video hasta el final. Esta es una táctica popular que Apple ha explotado con éxito.

Libera algunos detalles sobre el producto en cuestión, dejando a los espectadores con más suspenso del que quisieran admitir. Si se hace de la manera correcta, esta publicidad atraerá a los espectadores y aumentará las ventas. Después, asegúrate de animarlos a comprar tu producto, dejando información precisa sobre el precio y dónde encontrarlo. Esto, en última instancia, impulsará las ventas y la aceptación de los clientes de tu nuevo producto.

Además de las promociones, otra tendencia reciente que Instagram ha visto son los videos que demuestran cómo usar un producto en particular. Hacer coincidir las demostraciones de producto con el lanzamiento del mismo es una gran manera de obtener una buena ventaja. Asegúrate de que el producto que estás lanzando esté disponible para el público en el momento en que tu video se ponga en marcha.

No es suficiente con promocionar un producto y luego dejar al público en el aire. Mostrarles cómo usar el producto, sin importar lo fácil que sea, es una gran muestra de confianza y cuidado de tu parte. Digamos que diriges una empresa de maquillaje; los tutoriales en directo sobre cómo aplicar el maquillaje de forma eficaz, al tiempo que se dan consejos sobre qué tonos combinan mejor con los diferentes tonos de piel, significarían un gran impulso en tus ventas. Aunque estas cosas puedan parecer triviales, tienen un gran impacto en la forma en que tu público ve tu marca.

Presentar un Influenciador

Hacer una transmisión en vivo con una persona influyente es una excelente manera de aumentar la audiencia y, en última instancia, las ventas. Para dar una opinión experta sobre el tema que estás tratando, necesitas contar con una persona influyente en una industria similar. Además, consigue un influenciador que tu audiencia admire.

Lo bueno de esto es que suelen tener un seguimiento masivo en línea por cuenta propia. Durante la propaganda que conduce a tu evento en vivo, es aconsejable tener al influenciador contigo para dar un vistazo de lo que los dos estarán discutiendo. Además, invitará a su público, garantizándote una audiencia masiva de video. La ventaja aquí es que no sólo construirás un caso fuerte para tu marca, sino que tus seguidores también se multiplicarán por diez y la presencia del influenciador aumentará tus ventas.

Si eres una tienda de ropa, por ejemplo, asociarte con una joven y popular modelo de moda podría ser un gran impulso para tu negocio. La modelo podría detectar tus artículos, y los dos podrían discutir cómo emparejar los colores y las telas para las diferentes estaciones y climas.

Si la persona influyente a la que te diriges no está en el mismo lugar que tú, Instagram te tiene cubierto. Con una nueva función llamada "Collab-live stream", tú y tu influenciador podrían presentar un stream en vivo en diferentes lugares al mismo tiempo. No hay límite para la comercialización en línea.

Si deseas obtener algunos beneficios para tu campaña de mercadeo en vivo, organiza una oferta especial para los asistentes. Esto es un gran incentivo para que vuelvan la próxima vez, posiblemente con sus amigos. Ofrece un cupón o descuento para tu producto, específicamente a tu público en vivo. La oferta especial hará que la gente gaste en tus productos; incluso aquellos que no necesitan lo que ofreces pueden conocer a alguien que sí lo necesita. Así es como se construye una fuerte base de fans.

Construir tu marca no necesariamente aumenta el número de personas que ven tus publicaciones y tus videos. Los números no funcionan de esa manera. Tu imagen de marca abarca quién eres, tu opinión sobre los asuntos que le importan a la gente y por qué deberían confiar en ti más que en un competidor.

Por eso es imperativo que tu público confíe primero en ti. Si confían en ti, se interesarán por ti y comprarán tu marca. Lo mejor de construir una sólida reputación de marca es que resuena dentro de generaciones. La gente influye en sus familias, amigos y compañeros de trabajo. Esta conexión humana que tu audiencia tiene fuera de las redes sociales va a ser la fuerza motriz que te mantendrá a flote mucho después de que tu mensaje haya sido olvidado.

Muchos hogares se adhieren a una marca de jabón o leen el mismo periódico durante la mayor parte de sus vidas. Las investigaciones sugieren que lo más probable es que los adultos compren los mismos productos que usaron en sus casas cuando eran niños, incluso después de que se muden para formar sus propias familias. Este es el poder de la marca. Apunta a fomentar la confianza con tu audiencia, y puedes estar seguro de un negocio duradero.

Capítulo 9: ¿Qué es Twitch y por qué necesitas usarlo para hacer crecer tu negocio o perfil?

Transmisión en vivo para mercadeo en Twitch

Twitch es una plataforma de transmisión de video propiedad de Amazon. Es la primera opción para los videojuegos. Si eres un fanático de los videojuegos, las posibilidades de que te hayas tropezado con esta plataforma son altas. En un mes, el número de espectadores de Twitch Live llegó a 140 millones de visitas. Sin embargo, de todos estos visitantes, dos millones de ellos pasan más de dos horas transmitiendo videos por día. Las transmisiones en vivo de Twitch no es uno de los canales de redes sociales más populares entre los vendedores, pero lo que necesitas entender es que el mercadeo digital no siempre se trata de poner tus anuncios en los canales más populares.

Es muy probable que Twitch sea una de las mejores plataformas de mercadeo en redes sociales de las que nunca has oído hablar. Si eres un jugador, es probable que al menos hayas oído hablar de ella. Dado que Amazon está ganando popularidad en el consumo en línea, Twitch permite a los consumidores jugar a juegos desarrollados y, lo mejor de todo, son específicos para un nicho de mercado (Laubscher, 2018). Esto significa que, si estás comercializando tu marca a un tipo específico de cliente o base de clientes, Twitch proporciona los medios para limitar tu búsqueda. Este anuncio llega a aquellos que buscan cosas específicas.

Los usuarios leales de Twitch también obtienen ventajas que no habrían recibido si hubieran comprado en otro sitio (Laubscher, 2018). Estos premios son específicos de Twitch, como la obtención de una caja de Twitch, que anima a la gente a invertir en este sitio en crecimiento.

Una vez más, hemos mencionado que Twitch no es el sitio más común para el consumidor ordinario, pero está creciendo rápidamente. Amazon también ha abierto recientemente la puerta a anuncios de mercadeo adicionales en su sitio, por lo que convertirse en un comercializador pronto puede conseguirte un lugar privilegiado en la larga lista de comercializadores que probablemente se afilien pronto al sitio.

Según Amazon, el gran equipo quiere crear una comunidad más cercana a sus usuarios, por lo que Twitch es esencial para lograr su objetivo. Para la gran mayoría de los usuarios Prime, Twitch ofrece mercancía a estos miembros, lo que hace que formar parte de la comunidad sea atractivo.

Crear una cuenta de Twitch

Lo primero que tienes que hacer es configurar una aplicación de transmisión en tu dispositivo. Puedes instalar esta aplicación usando un software de difusión abierto. El software de difusión está disponible en Mac, XSplit, Linux e incluso en Windows. Mientras que algunos, como OBS, tienen acceso libre, XSplit tiene una cuota de suscripción para obtener funciones mejoradas.

Después de crear una cuenta, crea una nueva cuenta o inicia sesión usando tu Twitch.tv. En la parte derecha de la pantalla, en el menú desplegable, selecciona Dashboard. Aquí, ve a la pestaña de juego y selecciona un juego que quieras jugar antes de introducir el título de la emisión. Ya que estás buscando configurar esta plataforma para las transmisiones en vivo, haz clic con el botón derecho del ratón en el OBS, y luego en Run Administrator. En la sección de dispositivos de transmisión, selecciona Twitch como tu elección. Cuando estés aquí, regresa al tablero y selecciona Tecla de transmisión. Se enviará un código de streaming. Copia y pega el código en el cuadro de la tecla de transmisión y selecciona OK.

Las transmisiones en vivo de Twitch también te permiten transmitir en vivo desde tu dispositivo móvil a través de la cámara. Lo primero que tienes que hacer aquí es configurar un perfil tocando el botón de la cámara en el lado derecho de tu estado. A través de este dispositivo, puedes transmitir tus actividades diarias a través de tu dispositivo móvil.

Ganar dinero a través de las transmisiones de Twitch

Aunque las transmisiones en vivo de Twitch son un servicio gratuito, hay formas de hacer dinero a través de esta plataforma. A los usuarios se les cobrará una tarifa en dos circunstancias. Primero, cuando un usuario se suscribe, y segundo, cuando el usuario ya no quiere ver anuncios emergentes. Twitch tiene tres paquetes de suscripción: $4.99, $9.99, y $24.99, que se cobran cada mes. Los tres paquetes vienen con diferentes características. Como usuario, lee todas las inclusiones de los paquetes y decide cuál te conviene más.

Bits - Por otro lado, como usuario, también puedes ganar dinero a través de esta plataforma. Hay donaciones conocidas como "bits", de las cuales, al aceptar estas donaciones de los usuarios, puedes ganar dinero.

eSport - Los jugadores a menudo organizan juegos entre ellos. Los ganadores de estos concursos se llevarán a casa varios premios.

Influenciador - Esta es probablemente la forma más lucrativa de ganar dinero a través de Twitch, lanzando una carrera. El más popular es el streamer Ninja de Twitch.

Capítulo 10: Cómo usar Twitch Live

Lo primero que tienes que hacer es elegir si quieres ser un socio de Twitch o identificar a tu socio de Twitch. Hay beneficios de mercadeo al convertirte en socio. Según el sitio web de Twitch, al convertirte en miembro, recibirás:

- Suscripciones de canal

- Bits

- Anuncios

Si no estás familiarizado con los bits, ahora es el mejor momento para aprender. Los bits son "un bien virtual que el espectador puede comprar para animar a tu canal, permitiéndoles apoyarte sin salir de Twitch". Según el Programa de Socios de Twitch, "Twitch proporciona a los Socios participantes una parte de los ingresos que Twitch recibe de los Bits igual al 1 por ciento por cada Bit utilizado para animarlos" (2019). Los Bits son extremadamente importantes para acceder al acuerdo de socios de Twitch.

Aquí hay varias formas de convertirse en socio de Twitch:

- Tener un horario para emitir regularmente durante al menos tres semanas.

- Establecer una buena audiencia que charle activamente en tu plataforma.

- Asegurar que te adhieres a las reglas y regulaciones de Twitch.

Como socio de Twitch, algunas de las prioridades que se te ofrecen incluyen la emisión de anuncios después de la transmisión, antes de la transmisión e intermedios. Para asegurarte de que tu marca obtenga el máximo de audiencia, elige streamers con un gran número de seguidores. Cada ocho minutos, publican anuncios comerciales en su plataforma. Una investigación realizada por una empresa de mercadeo encontró que el 82 por ciento de los usuarios de Twitch están satisfechos con sus servicios. Reconocen el ambiente hospitalario que esta plataforma ofrece a los vendedores.

Ejemplos de marcas que ya se están haciendo grandes a través de Twitch Live

Aunque la comercialización de Twitch es una plataforma relativamente nueva en la industria de la comercialización, muchas industrias ya la están haciendo grande. Aquí hay ejemplos de sectores que lo están logrando a través del mercadeo en Twitch:

EA

EA se asoció con la compañía Sims 4 Twitch Streaming para promover la industria de Gatos y Perros promocionando los productos de esta compañía. Las dos horas de streaming resultaron ser un éxito ya que los espectadores tuvieron la oportunidad de discutir las diversas características de este producto. Todos los aspectos positivos de estos productos fueron discutidos durante el evento en vivo. En general, el anuncio posicionó este producto como generoso a los ojos de los espectadores.

KFC

Para anunciar su producto, la cadena de comida rápida se unió a Twitch Streamer Lupo para hacer promociones. KFC ofreció comida rápida como premio para los ganadores del juego. Esta estrategia de mercadeo funcionó bien para ambas empresas. La popularidad de KFC creció enormemente entre los jugadores. No sólo eso, sino que las promociones también atrajeron a muchos jugadores nuevos.

Duracell

En una transmisión de cinco horas, Duracell utilizó la cuenta de Twitch de un influenciador para transmitir y promocionar su producto. La promoción implicó 25 desafíos diferentes para probar la fuerza de una nueva batería de Duracell. El desarrollo se convirtió en un éxito, ya que tuvo 187 mil visitas y un total de 355 mil minutos vistos. Además, el video de cinco horas tuvo 480 mil interacciones.

Mercadeo de Influenciadores en Twitch

Cuando se piensa en la palabra "mercadeo de influenciadores", se debe pensar en las plataformas de mercadeo populares como YouTube, Facebook e Instagram. La última plataforma de mercadeo en la que probablemente pienses es Twitch. Una gran ventaja que ofrece Twitch es la posibilidad de interactuar con un público determinado.

Inicialmente, Twitch fue creado específicamente para los juegos en línea. Sin embargo, esto ha cambiado con el tiempo y Twitch ha ampliado su gama de actividades. Esta plataforma en línea se creó en 2011, y su popularidad atrajo a Amazon lo suficiente como para que comprara la aplicación en 2014. Dicen que los números no mienten. A finales de 2016, esta plataforma tenía 241 mil millones de minutos de contenido de juegos.

Hay dos maneras de transmitir contenido en Twitch. Una es a través de la página web de Twitch, y la otra es a través de una aplicación. Las aplicaciones están disponibles para Android y iOS. Las aplicaciones de Twitch también están disponibles para Xbox 360, Xbox One, Amazon Fire TV, Google Chromecast y Roku.

Los vendedores deben entender las edades oficiales de los jugadores de Twitch. Los niños menores de 13 años no pueden usar esta plataforma. Las estadísticas muestran que la mayoría de los usuarios de Twitch tienen entre 18 y 49 años. En términos de género, sólo el 25 por ciento de los usuarios de Twitch son mujeres. Es importante que los vendedores conozcan estas estadísticas antes de elegir qué productos anunciar en Twitch.

Muchas empresas se han dado cuenta de que los usos de los métodos tradicionales de publicidad ya no dan frutos. Han reconocido la influencia que pueden tener los jugadores con un gran número de seguidores. Los vendedores se refieren a este tipo de jugadores como influenciadores también. Cuando te diriges a un usuario normal de Twitch, el método más apropiado es el mercadeo de influenciadores.

Los influenciadores son jugadores experimentados con muchos seguidores. Las compañías de juegos les dan a algunos influenciadores espacio publicitario. Juegan un papel crucial en la promoción de los próximos juegos. Además de apoyar los próximos juegos, los influenciadores también tienen mucho espacio en su página para anunciar otros productos. Durante un evento en vivo, los jugadores no tienen prohibido hablar de los productos de su elección. Los productos más apropiados para anunciarse en esta plataforma son los productos orientados a los jóvenes, como la pizza y la Coca-Cola.

Los influenciadores han construido un considerable número de seguidores en Twitch. Varios artículos han reclutado a los jugadores más influyentes en Twitch. Elige un jugador con un número considerable de seguidores y patrocina su canal.

Alternativamente, el logo de tu marca podría aparecer en la página del influenciador durante un período determinado. Esto dependerá de la cantidad de dinero que estés dispuesto a pagar. Muchos jugadores visitarán su página de "celebridades", posiblemente viendo el logo de tu marca. Muchas personas confiarán en lo que sus celebridades aprueben, y esto es cierto incluso en el día a día.

Como vendedor, es importante reducir tus opciones de acuerdo con el producto que estás anunciando. Un ejemplo perfecto es el caso de Nike. Esta empresa anuncia sus productos en juegos deportivos en Twitch, ya que es más probable que los jugadores de estos juegos se interesen por este tipo de productos. Las estadísticas muestran que el 70 por ciento de los jugadores a los que les gusta jugar al fútbol en videojuegos lo hacen en la vida real. Es práctico para empresas como Nike promocionar sus productos en juegos deportivos.

en la vida real. Es práctico para empresas como Nike promocionar sus productos en juegos deportivos.

Conclusión

Como reflexión final, aquí están las diversas formas de utilizar con éxito las transmisiones en vivo para la comercialización.

El concepto de mercadeo en redes sociales y las transmisiones en vivo es uno de los principales problemas contemporáneos atribuidos a Internet, pero más a las redes sociales. Habiendo leído este libro, has aprendido cómo las cuatro principales plataformas de streaming en directo pueden ayudar a llevar tu marca al siguiente nivel. A modo de resumen, te llevaré a través de las tres cosas más importantes que hemos aprendido sobre cada una de las plataformas de streaming en directo.

Los espectadores de Facebook prefieren las transmisiones en vivo a los videos grabados. La investigación ha demostrado que los usuarios de Facebook pasan más tiempo viendo videos de transmisión en vivo en comparación con los videos grabados. La transmisión de videos en vivo es más emocionante para los espectadores que el contenido grabado o las publicaciones escritas. Por lo tanto, los profesionales del mercadeo deberían considerar la posibilidad de comercializar sus productos a través de la transmisión en directo.

Juzga el rendimiento de tu video en directo por el número de espectadores que te ven en vivo. En este libro, te he hablado de las distintas formas de promocionar tu video después del evento. Puedes promocionar tus videos a través de plataformas, como los blogs, y a través de correos electrónicos y otras plataformas de redes sociales. Después de una campaña de promoción, te darás cuenta de que tu video tendrá docenas de espectadores y acciones por día. Es importante aprender que el proceso de transmisión en vivo no debe detenerse al final de la emisión.

Los gestos son importantes durante las transmisiones en vivo de Facebook. Curiosamente, en promedio, el 85 por ciento de los espectadores de las transmisiones en vivo en Facebook ven videos sin sonido. La gente se conecta a Facebook en lugares con un gran número de personas. Como vendedor, asegúrate de que tu video sea lo más interesante posible.

Cuando se usa Instagram, es importante establecer objetivos. Antes de iniciar tu video en vivo de Instagram, ten una mentalidad clara de lo que quieres lograr al final de tu transmisión en vivo. A menudo, la gente empieza una transmisión en directo a ciegas, lo que significa que tu video en Instagram probablemente logrará muy poco.

La calidad es fundamental cuando se trata de Instagram. Hasta el 67 por ciento de los espectadores de Instagram perciben la calidad como lo primero al considerar qué videos ver. El tipo de equipo y sistema de sonido importa mucho. Asegúrate de que el sonido y la claridad de tu video sea excelente.

Las transmisiones en vivo de Instagram aumentan la confianza. Si eres el tipo de vendedor que tiene baja autoestima, las transmisiones en vivo de Instagram te ayudarán a cambiar eso para mejor. Mostrando continuamente tus videos en vivo al mundo, esos comentarios positivos ayudarán a cambiar cualquier creencia negativa que tengas sobre ti mismo.

Twitch Live no está entre las plataformas más populares del mundo. Cuando se trata de esta plataforma, las personas influyentes importan mucho. Ya que Twitch se trata de juegos, los influenciadores son jugadores experimentados. Son vistos como celebridades en esta plataforma. Como comercializadores, son el tipo de personas de las que dependerás para vender tu marca al mundo.

Comparado con otras plataformas de transmisión en vivo, Twitch ofrece a los vendedores hasta cinco horas de transmisión en vivo. Como si eso no fuera suficiente, los espectadores tienen la oportunidad de compartir sus opiniones en su plataforma de chat en vivo. Comparado con otras plataformas, Twitch es más interactivo.

Cuando busques promocionar tu marca utilizando las transmisiones en vivo de Twitch, considera los grupos de edad de tu audiencia. Twitch es perfecto para un público relativamente joven entre los 16 y 30 años. El género es otro factor significativo; sólo el 25 por ciento del total de usuarios de Twitch son mujeres. Teniendo en cuenta todo esto, tu público objetivo debe ser hombres entre las edades de 16 y 30 años.

Al igual que otras plataformas de transmisión en vivo, el contenido de calidad es clave cuando se trata de YouTube. Para obtener la máxima audiencia, asegúrate de que lo que estás poniendo ahí es de la más alta calidad, tanto auditiva como visualmente. Cualquier espectador de YouTube te dirá que la única característica que busca al elegir qué video de transmisión en vivo ver es la calidad.

Escuchar a tu audiencia durante las transmisiones en vivo en YouTube es importante. Esta plataforma ofrece un cuadro de chat. Este tipo de comentarios ayuda a mejorar la calidad de las transmisiones en vivo. Tomemos, por ejemplo, un caso en el que un espectador te dice que ajustes el micrófono o la cámara correctamente. Estas son cosas que puedes ajustar instantáneamente cada vez que recibas un comentario de este tipo.

Las transmisiones en vivo en las redes sociales es una de las mejores cosas que han sucedido en el siglo XXI para muchas empresas. Además, muchas de ellas han visto un aumento en la conciencia a lo largo del tiempo que ha dado lugar a beneficios para su marca. Debido a esto, recuerda trabajar duro para mantener tus seguidores.

El mercadeo en redes sociales y las transmisiones en vivo es uno de los mayores inventos de esta década. Sin embargo, podría mejorarse dando a los espectadores la oportunidad de conocer automáticamente la identidad y la ubicación desde la que se está transmitiendo en directo para evitar confusiones. Esto también ayudaría a crear confianza entre el comprador y el vendedor.

Acerca de tu vistazo GRATIS

¡Espero que hayas disfrutado de Mercadeo En Vivo Para Redes Sociales, pero no te vayas todavía!

Si te quedas un poco más, me gustaría darte un vistazo a otro libro de la serie de *Clases Magistrales de Mercadeo en Redes Sociales*.

El libro se titula **Trucos De Productividad Haciendo Mercadeo En Las Redes Sociales:** *Vence a la procrastinación y vende más utilizando estrategias y herramientas de gestión del tiempo para ayudar a que tu negocio crezca en Instagram, YouTube, Facebook y más en el 2020*

¡Disfruta!

Trucos De Productividad Haciendo Mercadeo En Las Redes Sociales

Vence A La Procrastinación Y Vende Más Utilizando Estrategias Y Herramientas De Gestión Del Tiempo Para Ayudar A Que Tu Negocio Crezca En Instagram, Youtube, Facebook Y Más En El 2020

Por Rory Ames-Hyatt

• Introducción

Mira a tu alrededor.

Ha habido un cambio en la forma en que nos comunicamos. En un momento dado, podías ver anuncios en la televisión. La radio te mostraba fragmentos rápidos de las promociones. Las revistas te mostraban modelos y productos mientras navegabas por sus páginas.

Hoy en día no.

Podrías estar prácticamente en cualquier parte del mundo. Podrías estar volando a 31.000 pies. Podrías estar viendo un dispositivo móvil en un cine, para disgusto de todos. O tal vez, estás en un barco en el mar.

En todos estos lugares, puedes ser bombardeado con promociones de mercadeo.

Hoy en día, estás más conectado que nunca. A través de las redes sociales, nunca estás demasiado lejos de la próxima campaña de mercadeo. De hecho, se podría decir que estás literalmente cara a cara con un anuncio.

Sin embargo, con el advenimiento de nuevas tecnologías para la comercialización de las redes sociales, necesitamos nuevas herramientas. Necesitamos herramientas que nos ayuden a gestionar nuestros esfuerzos de mercadeo. Necesitamos herramientas para la gestión del tiempo y el trabajo en equipo efectivo. Pero no necesitamos estas herramientas para las organizaciones a gran escala. Necesitamos proporcionar estas herramientas para las empresas de pequeña escala, los empresarios y los trabajadores autónomos.

Eso es lo que encontrarás en este libro.

Encontrarás muchas plataformas convenientes para crear ideas, para comunicarte con tu equipo, para el almacenamiento y la administración del tiempo; las encontrarás todas aquí.

Así que, como dicen, sin más preámbulos, vamos a sumergirnos.

● Crecimiento de las redes sociales

El mercadeo de las redes sociales nació con la necesidad de llegar a un número creciente de personas. Las marcas querían llegar a más gente de nuevas maneras. A diferencia de la televisión, los periódicos y otros medios publicitarios, puedes personalizar tus mensajes en las redes sociales. Dicho esto, si puedes llegar al público objetivo correcto, tienes más posibilidades de hacer una venta. Y no sólo por los ingresos. Las marcas comenzaron a utilizar las redes sociales para abordar sus preocupaciones, comunicarse con el público y construir el valor y la lealtad de la marca.

Era un mercado virtualmente sin explotar. Pero gracias al creciente número de usuarios, las empresas ya no podían ignorar el enorme potencial de la comercialización de las redes sociales.

Se puede decir que el mercadeo de redes sociales, o la publicidad, comenzó con el lanzamiento de "Páginas" en Facebook en 2007. Las marcas, por primera vez, fueron capaces de tener una presencia en la red. Podían construir su audiencia y convertirlas en clientes. Un nuevo término nació: "costo por fan". Esto recibió un impulso adicional cuando Facebook permitió la publicidad pagada. Esta forma de publicidad fue ajustada con el tiempo para hacer el sistema aún mejor.

Ahora, hay una coincidencia demográfica, mercado, y muchas más características para hacer la publicidad de Facebook muy eficiente. Twitter también lanzó el "Tweet promocionado" en 2010. Instagram, Snapchat, Pinterest y LinkedIn tienen ahora sus productos publicitarios que las empresas pueden utilizar para las promociones.

Hoy en día, se encuentran casi todos los negocios en las redes sociales, desde los grandes conglomerados multinacionales hasta la tienda de comestibles del barrio. Los negocios exitosos están usando el mercadeo de las redes sociales para la generación de prospectos, investigación, marca, retención de clientes y comercio electrónico. Nuevos negocios y marcas son lanzados en Facebook y en otras redes, revelando planes futuros y haciendo anuncios. La publicidad, el video, la transmisión en vivo, la comparación demográfica y las actualizaciones tecnológicas son algunas de las formas de tecnología disponibles para las empresas. Estas características ayudan a las empresas a encontrar nuevas y mejores formas de llegar y comercializar sus marcas.

Hoy en día, muchas empresas adoptan la comercialización de las redes sociales para conseguir una mayor audiencia, mejores capacidades de promoción y el poder de un alcance increíble. Atrás quedaron los días en que se gastaban enormes sumas de dinero en la instalación de vallas publicitarias y en esperar que el público objetivo las viera. Además, las formas tradicionales de comercialización tienen la capacidad de proporcionar a las empresas una visión detallada. Todo parece bastante arbitrario. ¿Cuánta gente vio realmente la valla publicitaria y reaccionó a ella? ¿Podrían las empresas haber pagado la misma cantidad y llegar a la gente por mejores medios? A través de los medios de comunicación social, el tiempo necesario para comercializar servicios y productos se ha reducido significativamente.

El servicio al cliente ha mejorado. El 83 por ciento de los clientes que publican quejas en un sitio web, como Twitter, reciben una respuesta rápida. Con esto, la satisfacción general del cliente también ha mejorado. Las empresas pueden así retener mejor a los clientes.

El 80 por ciento de la población de los Estados Unidos está en las redes sociales. Es casi lo mismo en todas partes en el mundo occidental y en el mundo en desarrollo o desarrollado. El 53 por ciento de las personas en las redes sociales están siguiendo una marca, pero se espera que la popularidad de las redes sociales y el impacto en la comercialización sea aún mayor en los próximos años. Con el crecimiento de la tecnología móvil, se puede esperar que el alcance de la publicidad social aumente enormemente. Hubo un tiempo en que poseer un aparato móvil significaba gastar mucho dinero para obtener características geniales. Sin embargo, hoy en día hay fabricantes que crean teléfonos con características increíbles a una parte del costo de los teléfonos de grandes marcas.

Entonces, ¿cuál será el futuro del mercadeo de redes sociales? ¿Cuáles son las tecnologías emergentes, los hábitos de los usuarios, las tendencias y las nuevas funciones? ¿Cómo van a adaptarse las empresas al mundo cambiante para impulsar su presencia en las redes sociales y sus actividades de mercadeo?

• Usos de las redes sociales

Obtener acceso a nuevos clientes

Hay miles de millones de personas en todo el mundo que utilizan algún tipo de plataforma social o incluso múltiples plataformas. Se ha convertido en una forma de que la gente comparta y se comunique con sus amigos en casi cualquier cosa. Hay enjambres de nuevos clientes esperando por tu negocio. Hablarían de ello, especialmente si tuvieran una buena experiencia con tus productos y servicios.

Los clientes o compradores potenciales también hablarán negativamente de tu negocio si han tenido una mala experiencia. Como propietario de un negocio local, debes tener un plan para las quejas. A muchas de las empresas más grandes les gusta participar y ocuparse de los problemas de los clientes en lugares como Twitter debido a la conveniencia y facilidad de la plataforma.

En septiembre de 2013, el 72 por ciento de los adultos en línea utilizaban sitios de redes sociales, según el Centro de Investigación Pew. Esto está sucediendo en casi todos los grupos demográficos, independientemente de las circunstancias. Además, las campañas de redes sociales son más efectivas para generar contactos de calidad. Esta información explica la oportunidad para los negocios locales.

Construyendo y comprometiéndose con clientes potenciales

No puedo expresar lo suficiente sobre la importancia de construir tu audiencia primero. Los consumidores no comprarán mucho, si es que compran algo, cuando no llamas su atención. Hay muchas maneras de hacerlo, como compartir un gran contenido sobre tus productos o hacer preguntas.

El "gran contenido" puede despistar un poco a algunos de ustedes, pero es simple y aquí hay un ejemplo. Digamos que tienes un negocio de panadería en tu pueblo o ciudad y tienes una página de Instagram. Ya tienes más de mil seguidores en la página. Eso significa que un buen número de personas verán tus mensajes de forma orgánica. Podrías usar esto para comunicar más sobre tus deliciosas golosinas horneadas. También podrías discutir la historia de tus productos y cómo se producen, como un ejemplo. Cuando los usuarios comenten sobre tus publicaciones, asegúrate de responder y contestar sus preguntas si es necesario. A tus clientes o compradores potenciales les encanta estar comprometidos y ser valorados. De esta manera, puedes usar la plataforma para crear confianza con tus clientes.

Aparecer en los resultados de búsqueda

Cuando se crean perfiles sociales, algunos pueden aparecer en los resultados de búsqueda. Los resultados de la búsqueda se producen en motores de búsqueda como Google, Bing y Yahoo. Esto es importante porque se obtiene una mayor conciencia y orientación de la gente hacia tus productos y servicios. Fíjate en la barra de URL (el cuadro que muestra "http://www.......com"), y mira el nombre del usuario, que normalmente se encuentra después de "....com/usuario". Después de agregar el nombre de tu empresa, es probable que tu perfil aparezca en los resultados de búsqueda cuando comiences a hacer mercadeo en las redes sociales. Esta es una gran manera de conseguir tráfico orgánico a tu perfil de redes sociales con un poco de ingenio de tu parte.

Puedes acceder al poder del móvil

Algunos empresarios pueden confundirse fácilmente cuando tratan de entender lo que la tecnología móvil puede realmente hacer por ellos. Esto se debe a que se les dice y se les da mucha importancia en las aplicaciones móviles.

Los negocios locales son buscados fuertemente en los sitios de redes sociales, como Facebook, Twitter, Pinterest, e incluso Instagram, con dispositivos móviles. Lo que hay que recordar es que sus perfiles de redes sociales dentro de estas plataformas. Sus perfiles deben estar configurados correctamente para habilitar las características de geo o localización dentro de esas plataformas móviles.

Una empresa local también puede beneficiarse de muchas otras características de una plataforma móvil. Puede integrarse fácilmente con las redes sociales, incluyendo el mercadeo por correo electrónico y los mensajes de texto. Puede utilizar códigos QR, campañas sociales optimizadas para móviles (concursos, encuestas y juegos) y cupones para móviles. El verdadero beneficio del móvil es que todos estos beneficios pueden ser rastreados por su rendimiento. De esta manera, puedes ver todos los datos disponibles y tomar decisiones conscientes en general.

Los usos pueden parecer interminables cuando el móvil se implementa correctamente con las redes sociales. El móvil ya no puede ser ignorado por más tiempo, así que posiciona tu negocio local ahora y no esperes a beneficiarte de él. Puedes ser la excepción entre tus competidores en tu área local. Aprender lo valioso que es el móvil es una gran adición a toda tu estrategia de mercadeo en las redes sociales.

● Capítulo 1: Por qué la productividad es clave para maximizar el retorno de la inversión de tus esfuerzos de mercadeo en redes sociales

Muchas empresas están haciendo muy bien el mercadeo de las redes sociales en estos días. La percepción es que sólo las grandes marcas pueden tener éxito en esta nueva ola de mercadeo, pero eso es un error común.

Cualquier pequeña empresa con un simple plan de juego puede tener éxito en el mercadeo de redes sociales. Esto se debe a que es mucho más fácil manejar las expectativas en tu mercado local. Las redes sociales te permiten escalar los esfuerzos de mercadeo de tu negocio. La competencia en tu área local es mucho, mucho menor. De hecho, no importa si eres una panadería local en una ciudad con otras 100 panaderías, tus posibilidades de ser visible con el mercadeo de redes sociales son altas en tu propio "patio trasero". Aquí está el por qué: un gran número de negocios locales que usan las redes sociales no lo están haciendo bien.

Tus clientes están usando las redes sociales y es probable que también usen muchas otras plataformas sociales. Tu negocio tiene clientes potenciales que te buscan dentro de estas diferentes plataformas, y puedes llegar a ellos a un costo mínimo.

De hecho, podrías ahorrar mucho dinero usando el mercadeo de las redes sociales.

Hay algunas razones para esto.

1). El acceso a Internet se está extendiendo rápidamente

Dondequiera que decidas ubicar tu negocio en el mundo, puedes "conectarte" con tus clientes. El acceso a Internet se está simplificando cada vez más y haciendo accesibles las redes sociales. Puede que no sea una revelación, pero como propietario de un pequeño negocio, tienes que reconocerlo y adaptarte a él.

Cada vez más personas - incluso en áreas remotas - están obteniendo acceso a Internet. La fibra óptica y los servicios de Internet por satélite son tecnologías que lo hacen posible. Esto está sucediendo en todo el mundo con alta frecuencia. Con el acceso a Internet, tus clientes están a un clic de distancia de ti. Pueden buscar tus productos y servicios en cualquier lugar y en cualquier momento.

Y, es más, también puedes llegar a ellos. Puedes realizar un servicio al cliente efectivo a través de tus plataformas sociales. ¡Incluso puedes hacer que las ventas se hagan realidad! La mayoría de los consumidores se sienten cómodos con los negocios en sus propias comunidades, por lo que llegar a ellos no es tan difícil. Sólo requiere una fuerte presencia social.

2). La ola móvil está aquí para quedarse

El móvil se está haciendo más grande a cada minuto. Piensa en todos los teléfonos inteligentes disponibles en el mercado. Tienes modelos de alta gama con un precio bastante alto, y luego tienes alternativas más baratas llenas de muchas características.

Con esto, tienes gente de todo el mundo conectada a través de un dispositivo móvil. Según Statista, la población móvil del mundo alcanzó los 3.700 millones de usuarios en una recopilación de datos de enero de 2018. Eso es casi la mitad de la población mundial. En otras palabras, todas las demás personas del planeta tienen un dispositivo móvil.

El mercadeo móvil puede ser beneficioso para tu negocio y tiene el poder de llevarte a otro nivel. Tus clientes tienen dispositivos móviles y los usan todo el tiempo. Incluso se podría decir que consumen su identidad hasta cierto punto.

Necesitamos y apreciamos nuestros dispositivos móviles. Dependemos de ellos para casi todo debido a los convenientes servicios y aplicaciones. Mucha gente pasa incontables horas en sus dispositivos móviles usando sitios de redes sociales.

Los propietarios de negocios locales nunca imaginarían la importancia del mercadeo móvil como una forma de catapultar tu negocio. "Social es Móvil y Móvil es Local", es el lema aquí. No puedes tener uno sin el otro si quieres competir localmente.

Los sitios de redes sociales, como Facebook, Twitter, Instagram, Periscope, Snapchat, WhatsApp e incluso Pinterest, tienen funciones basadas en la localización. Con estas funciones, los usuarios pueden encontrarte incluso cuando pasan por tu lugar de trabajo.

Prácticamente tienes una oportunidad de ataque doble. Uno, puedes utilizar el mercadeo para llegar a los usuarios. En segundo lugar, puedes hacerte visible para las personas cercanas.

Eso es lo que las redes sociales te dan: el poder de estar consciente.

3). La distribución de los días modernos es increíble

Hace 30 años, la distribución con casi cualquier medio era demasiado cara. Publicar un libro, distribuir cualquier fuente de noticias, etc. eran todos esfuerzos costosos. Era casi imposible hacer estas cosas con un presupuesto. Avanzando a los tiempos actuales, verás que es increíblemente accesible.

Me gusta clasificar la distribución en cuatro categorías: fácil, gratuita, barata y dirigida.

Fácil

Hoy en día, todo lo que necesitas es acceso a Internet y un PC o un dispositivo móvil. Con sólo una plataforma social y una identidad, estás listo para empezar a vender o promocionar. Hay muchos sitios de redes sociales a los que acceder hoy en día. También son muy fáciles de usar.

Gratis

La distribución de contenidos es gratuita cuando se usan las redes sociales para compartir con una audiencia. Por lo tanto, esta accesibilidad es mucho más efectiva.

Hay un hecho que mucha gente comparte en este mundo; lo gratuito es bueno. La mayoría de la gente optará por usar una herramienta gratuita a la que se pueden inscribir proporcionando información sencilla. Con los medios de comunicación social, este proceso está disponible.

Barato

Este es con el que siempre consigo una reacción de, "¿Eh?" Sí... ¡barato! La distribución de contenidos puede ser barata cuando se usa con fines de mercadeo. Puedes ver esto en PPC o en la publicidad de pago por clic en los sitios de redes sociales. En un modelo de publicidad de pago por clic, sólo pagas cuando recibes clics en tu anuncio. Dos de los sitios de redes sociales más efectivos para eso son Facebook y YouTube. Y en estas plataformas, no es muy caro usar publicidad PPS.

Dirigida

La parte más emocionante de la distribución de contenidos en los tiempos actuales es la capacidad de apuntar. Como dueño de un negocio, sólo tú sabes quiénes son tus clientes. Después de usar los análisis de algunos de tus sitios de redes sociales, sabes cómo llegar a tus clientes. En algunos casos, también podrás señalar exactamente dónde encontrar a estos clientes.

Ahora, podrías pensar que, con toda esta conectividad, tu tarea es ahora fácil. Sólo tienes que bombardear a la gente con tus promociones y ¡voilá! Concienciación instantánea. ¡Casi puedes imaginar el sonido de la caja registradora!

Pero la realidad es diferente. Verás, una cosa es llegar a la gente, y otra muy distinta es hacer que ese alcance sea rentable. Podrías hacer que miles de personas vean tus anuncios en las redes sociales, pero ¿qué sentido tiene si sólo 30 personas se presentan en el lugar de tu negocio?

Aquí es donde entra en juego la productividad.

Es hora de un curso intensivo.

En los negocios, la productividad es simplemente la diferencia entre la entrada y la salida. Básicamente, ¿cuánto pones en tus esfuerzos para generar un resultado deseado? Es una indicación de la eficiencia de un proceso.

Ahora, intentemos ver cómo la productividad te ayuda, tanto en tu negocio como en el mercadeo de redes sociales:

Tu proceso será eficiente.

¿Preocupándote por qué toma tiempo hacer las cosas? Ahora ya lo sabes. Tener una mentalidad productiva te permite lograr más, pero la diferencia es que estarás generando resultados de calidad.

Puedes lograr más.

El tiempo es dinero. En los negocios, eso no es una cita filosófica, es un principio. Así que, con el influjo correcto de productividad, puedes completar más tareas en el tiempo que tienes.

Lograr más significa más dinero.

Una vez más, el tiempo es dinero. Cuando se hacen más tareas, estás en camino de completar más pedidos de venta. Y más ventas traen más dólares al banco.

La moral del grupo.

Hoy en día todo se trata de trabajo en equipo. Sin embargo, si eres el único que se esfuerza, ¿cuál es el sentido del trabajo en equipo? La productividad aumenta la moral del grupo y eso, a cambio, mejora la producción.

Las expectativas del cliente.

Al final del día, necesitas mantener a los clientes satisfechos. Necesitas que vuelvan a ti. Eso sucede si tienes productos de alta calidad. Con el aumento de la productividad, mantienes tus productos o servicios en la mejor calidad. Esto tiene un efecto maravilloso en las expectativas de los clientes; ellos empiezan a esperar lo mejor de ti.

Ahorras dinero.

Necesitas pagar a tus empleados. Eso se convierte en parte de tus gastos. Sin embargo, a través de la productividad, obtienes más rendimiento al mismo tiempo. A tus empleados se les paga lo mismo, pero dan más. Eso ahorra dinero. Piénsalo de esta manera, imagina que tus empleados están generando menos por el mismo salario. Técnicamente, tu costo de producción ha aumentado.

Tu equipo y tú pueden tener una vida personal.

Tu equipo necesita mantenerse motivado. Y tú también. La falta de vida personal sólo servirá para desmotivarte a ti y a todos los demás. A través de un trabajo productivo, consigues que las tareas se hagan a tiempo. Esto deja tiempo para actividades extracurriculares y te permite atender tus asuntos personales.

Sentido de realización.

Si hay una falta de progreso, entonces todos sienten la presión de la decepción. Todo negocio debe mostrar progreso, sin importar cuán grande o pequeño sea. Al completar las cosas a tiempo, se siente una sensación de logro. Esto motiva a tu equipo a trabajar más duro.

Cumplir con los plazos.

En el mundo corporativo de hoy en día, cada objetivo tiene una fecha límite. Si tu productividad es baja, no puedes cumplir con esos plazos. Cada fecha límite que pierdes es una oportunidad perdida. Cada oportunidad es un potencial para hacer dinero.

Cumplir con las demandas.

Al final del día, las demandas de los clientes tienen que ser satisfechas. Cuando sabes que el mercado tiene más demanda para tu producto, ¿por qué producir menos? Date cuenta de que las demandas de los clientes no existen por mucho tiempo. Eventualmente se desvanecen y se disipan. Sólo tienes una oportunidad para sacar el máximo provecho de ello.

Consigue tu copia de: **Trucos De Productividad Haciendo Mercadeo En Las Redes Sociales**

¡Si has disfrutado de este vistazo gratuito a los *Trucos De Productividad Haciendo Mercadeo En Las Redes Sociales*, entonces puedes encontrar el libro completo en todas las buenas librerías!

Referencias

Laubscher, H. (2018). Twitch: El improbable pero importante negocio de Amazon - AW360. Obtenido de https://360.advertisingweek.com/twitch-unlikely-important-amazon-business/

Nawrocki, S. (2018). Evita estos 13 errores en la transmisión de video en vivo. Obtenido de https://video.ibm.com/blog/streaming-video-tips/avoid-these-13-live-streaming-video-mistakes/

Explicación de las notificaciones push | Aeronave urbana. (2019). Obtenido de https://www.urbanairship.com/push-notifications-explained

Publicidad en medios tradicionales vs. Publicidad en redes sociales - Comparación de costos. (2018). Obtenido de https://www.lyfemercadeo.com/traditional-media-versus-social-media/

Twitch.tv - Socios. (2019). Obtenido de https://www.twitch.tv/p/partners/